»Mut und Zuversicht gegeben«

Briefe an Kurt Masur

»Mut und Zuversicht gegeben«

Briefe an Kurt Masur

9. Oktober 1989 bis 18. März 1990

Herausgegeben von Ulla Schäfer

Ullstein

CIP-Titelaufnahme der Deutschen Bibliothek
»Mut und Zuversicht gegeben . . .«: Briefe an Kurt Masur,
9. Oktober 1989 bis 18. März 1990 / hrsg. von Ulla Schäfer. –
Frankfurt/M; Berlin: Ullstein, 1990
ISBN 3-550-07412-3
NE: Schäfer, Ulla [Hrsg.]; Masur, Kurt [Adressat];
Briefe an Kurt Masur

Satz: KCS GmbH, Buchholz bei Hamburg
Druck und Binden: Mohndruck, Gütersloh
Printed in Germany 1990
ISBN 3 550 07412 3

Immer, wenn die Menschheit voranschreitet,
befinden sich in ihren ersten Reihen neben
den Bannerträgern die Musiker.
Sie verleihen den tapferen und starken
Kämpfern noch mehr Kraft, sie rufen die
Schwachen und Schwankenden auf.

DMITRI SCHOSTAKOWITSCH

Inhalt

Zum Geleit

Die Veröffentlichung dieser »Briefe an Kurt Masur« möge nur dazu dienen, die Fülle der Emotionen, Gedanken, Probleme der Menschen unseres Landes in dieser entscheidenden Umbruchzeit widerzuspiegeln; sie haben mich beim Lesen jedes dieser Briefe bewegt.

Ich fühle mich beschenkt durch das Vertrauen, das mir die Schreiber der Briefe entgegenbrachten, und es möge für viele, die gemeinsam mit uns diese Zeit erlebt haben, Erinnerungen wachhalten.

Das Wort »Massendemonstration« ist irreführend.

Hier offenbaren sich Einzelschicksale, die mich erschüttert haben, Hoffnungen, die mich berührten.

Vielleicht kann dieses Buch ein wenig dazu beitragen, zu erkennen, wie viele unserer Hoffnungen jener Zeit bereits erfüllt sind, und daß uns sicherlich noch viel zu tun bleibt, einen Teil unserer Träume von damals zu verwirklichen.

Ich bedanke mich bei all denen, die mir geschrieben haben – auch bei den »Anonymen«.

Leipzig, 10. Juli 1990

Vorwort

Im Oktober 1989 begann eine Entwicklung, deren Verlauf und Folgen für unser Land damals niemand absehen konnte. Sie begann mit großer Not, mit bis dahin nicht gekannter Angst, war jedoch immer getragen vom Friedenswillen ungezählter Menschen.

Die Stadt Leipzig, das Gewandhaus und vor allem sein Chef Kurt Masur gerieten in diesen unaufhaltsamen Strom. Leipzig, weil es eine der konfliktgeladensten Städte der DDR war, das Gewandhaus, weil es im Zentrum der Stadt am Karl-Marx-Platz, in Sichtweite der Nikolaikirche, gelegen ist, und Kurt Masur . . . Warum gerade er, das mögen die Briefe erklären, die in diesem Buch gesammelt sind.

Seit 1980 arbeitete ich mit Kurt Masur eng zusammen. Wir haben am 9. Oktober 1989 gemeinsam hinter der Glasfassade des Gewandhauses gestanden und gesehen, wie sich die Hunderttausend auf dem Platz versammelten; wir waren stumm vor Anspannung, denn wir wußten nicht, ob der »Aufruf der Sechs« die erhoffte Wirkung haben würde. Noch am Abend, nach dem Konzert, kamen Demonstranten zu Kurt Masur ins Gewandhaus, um ihm zu danken.

Die ersten schriftlichen Äußerungen trafen am folgenden Tag ein, Erleichterung und Dankbarkeit vor allem ausdrückend – von Augenzeugen und von Menschen, die aus den Medien von den Ereignissen dieses entscheidenden Tages in Leipzig erfuhren.

Später, als sich der Charakter der Leipziger »Montags-Demos« veränderte, nach der Originalübertragung von Beethovens Neunter Sinfonie aus dem Gewandhaus zu Silvester im Ost- und Westfernsehen, dem Fernseh-Gespräch Gero von Boehms mit Kurt Masur und dessen häufiger Präsenz in politischen Sendungen wurden die Briefe nachdenklicher und auch kritischer. Bis zum 18. März 1990, dem Tag der ersten freien Wahlen in der DDR, hielt die Flut der Briefe an.

Kurt Masur las sie alle, danach kamen sie auf meinen Tisch, zuweilen auch mit der Bitte um Beantwortung. Harro Schweizer, mit dem ich gerade an einem Bildband über Kurt Masur arbeitete (er erschien im April 1990 im Ullstein-Verlag), sah die Briefstöße in meinem Arbeitszimmer. Er gebar die Idee, die fesselndsten, dokumentarischsten, anrührendsten zu veröffentlichen. Damals wußten wir nicht, welches bewegende Zeitdokument hier entstehen würde.

Die Menschen, die sich ein Herz faßten, an einen ihnen zumeist persönlich Unbekannten, einen Prominenten, eine Respektsperson zu schreiben und ihre Gedanken zu offenbaren, geben damit Zeugnis über sich selbst, aber auch über den Menschen, an den sie ihre Worte richten. Sie suchten und fanden in Kurt Masur einen Ansprechpartner, dem sie Vertrauen entgegenbrachten und dem sie Einfluß auf die Entwicklung ihres Landes in einer geschichtlich einmaligen Umbruchsituation zutrauten. Ihn baten sie um Hilfe, auf seinen Rat bauten sie. Ihre Briefe reflektieren die demokratische Bewegung, die das Land erfaßt hatte, und zeigen die neue Art des Denkens.

Zeitig reflektierten auch die Briefe an Kurt Masur, wie sehr wir Deutschen zusammengehören, und so ist auch manche nachdenkliche Stimme aus der Bundesrepublik und Berlin-West in diesem Buch berücksichtigt. Möge es ein Stück Zeitgeschichte lebendig erhalten, das uns heute – nach nur einem Jahr – schon unwirklich, wie ein schöner Traum erscheinen mag.

Die Ereignisse – eine deutsche Chronik

18. August 1989: Die ungarische Regierung öffnet die Grenze nach Österreich für DDR-Bürger, die nicht mehr in ihre Heimat zurückkehren wollen.

4. September: Unter dem Motto »Reisefreiheit statt Massenflucht« demonstrieren 1200 Menschen in Leipzig. Die Polizei greift nicht ein.

Die Regierung der ČSSR schließt sich Ende des Monats der ungarischen Haltung an; Züge mit übersiedlungswilligen DDR-Bürgern werden an Durchgangsbahnhöfen, vor allem Dresden-Hauptbahnhof, gestürmt. Die Polizei greift ein.

Das Zentrum der Protestbewegung hat sich nach Leipzig verlagert. Hier werden die »Friedensgebete« in der Nikolaikirche zum Ausgangspunkt der Demonstrationen für friedliche Veränderungen in der DDR.

Seit dem Frühsommer hat die Polizei mit immer stärkeren Aufgeboten den Nikolaikirchhof umstellt. Während die Friedensgebete in der Nikolaikirche einen immer größeren Zuspruch finden, bleiben die Tore der Thomaskirche weiterhin für solche Gebete verschlossen. Menschen, die Einlaß begehren, werden von der Polizei vertrieben. Später taucht am Bachdenkmal neben der Kirche ein Transparent auf: »Pfarrer Ebeling, warum hast du die Tür verschlossen? Jesus Christus«.

2. Oktober: In Leipzig kommen zur Montagsdemonstration diesmal mehr als 15 000 Menschen zusammen.

7. Oktober: Die Regierung der DDR begeht mit großem Pomp den 40. Jahrestag der Staatsgründung – in fast allen größeren Städten, vor allem Berlin, Leipzig und Dresden, gibt es Gegendemonstrationen. Die Polizei greift mit Schlagstöcken und Tränengas ein; es kommt zu Hunderten von »Zuführungen«.

Michail Gorbatschow prägt bei seinem Besuch zum Jubiläum den Ausspruch: »Wer zu spät kommt, den bestraft das Leben.«

7. Oktober: Auf dem Karl-Marx-Platz fahren erstmals Wasserwerfer auf und vertreiben Tausende von Menschen. An diesem Abend gibt Kurt Masur mit seinem Orchester ein Konzert im Rahmen der »Gewandhaus-Festtage«.

Der **9. Oktober** ist ein Montag – Tag der Gebete und Demonstrationen. Die Befürchtungen, es könne zu einer Eskalation der Gewalt kommen, sind groß.

Kurt Masur ist Initiator des Aufrufs der »Leipziger Sechs«, den er auf Band spricht und der in den Kirchen verlesen, über die Lautsprechersäulen des »Stadtfunks« und den Radiosender Leipzig verbreitet wird.

Hunderttausend Menschen sind auf dem Platz vor dem Gewandhaus. Die Sicherheitskräfte ziehen sich zurück; das Konzert am Abend findet mit dem vorgesehenen Programm statt – es beginnt mit Richard Strauss' »Till Eulenspiegels lustige Streiche«.

16. Oktober: 120 000 Menschen demonstrieren in Leipzig. Großkundgebungen jetzt auch in Halle, Magdeburg und Dresden.

18. Oktober: Erich Honecker verliert alle seine Ämter. Egon Krenz wird vom ZK der SED zum Nachfolger gewählt. Abgesetzt werden auch die Politbüromitglieder Joachim Herrmann und Günter Mittag. Krenz kündigt in einer Fernsehrede nach seiner Wahl eine »Wende« an und räumt Fehler der Parteiführung ein.

20. Oktober: Das DDR-Fernsehen zeigt erstmals kontroverse Live-Diskussionen mit führenden SED-Funktionären. Dresdens SED-Chef Hans Modrow fordert nachdrücklich Reformen für die DDR.

Kurt Masur erfährt davon in Kiew; er ist am 11. Oktober zu einer Konzertreise in die Sowjetunion aufgebrochen.

21. Oktober: Christa Wolf und andere Schriftsteller protestieren in einem Appell an den Präsidenten der Volkskammer, Sindermann, gegen die Übergriffe der Staatsgewalt.

Unmittelbar nach der Rückkehr von Kurt Masur aus der UdSSR findet am **22. Oktober** das erste der »Gespräche am Karl-Marx-Platz« im Gewandhaus statt – die Unterzeichner des Aufrufs lösen ihr Wort ein, sich für einen Dialog über die gesellschaftlichen und politischen Probleme einzusetzen.

Kurt Masur läßt auf dem Karl-Marx-Platz vor dem Gewandhaus eine Litfaßsäule aufstellen, an der die Gesprächsthemen angekündigt werden. Innerhalb weniger Tage wird sie zu einem Kommunikationszentrum, ist Platz für Meinungsäußerungen, Parteiprogramme usw.

23. Oktober: In Leipzig demonstrieren 300 000 Menschen.

Am **29. Oktober** folgt das zweite »Gespräch am Karl-Marx-Platz« im Gewandhaus.

4. November: Weit über eine halbe Million Menschen demonstrieren auf dem Alexanderplatz in Ost-Berlin. Die Protestversammlung ist vom Künstlerverband der DDR organisiert. Begeisterter Beifall für die Schriftsteller Christa Wolf, Stefan Heym, Heiner Müller, Christoph Hein, den Pastor Friedrich Schorlemmer und viele andere; Pfeifkonzerte für dic SED-Redner.

5. November: Hans-Joachim Hoffmann, damals Minister für Kultur der DDR, und der Komponist Siegfried Matthus nehmen am dritten Gespräch im Gewandhaus teil.

9. November: Die Grenzen sind offen. Während einer Pressekonferenz gibt Politbüromitglied Günter Schabowski eine neue Reiseregelung bekannt, die es praktisch jedem DDR-Bürger ermöglicht, das Land zu jedem Zeitpunkt und mit jedem beliebigen Ziel zu verlassen. Noch in derselben Nacht nutzen Zehntausende die Möglichkeit zu einem Kurzbesuch der Bundesrepublik oder West-Berlins. Der Ansturm ist unbeschreiblich, die Grenzorgane verzichten in den ersten Tagen weitgehend auf Kontrollen und Formalitäten.

10. November: In der DDR verbreitet sich ein Appell von Künstlern und Oppositionellen. Darin heißt es: »Die, die jetzt noch weggehen, mindern unsere Hoffnung. Wir bitten Sie, bleiben Sie doch in Ihrer Heimat, bleiben Sie bei uns!«

Am **12. November** findet das letzte der Gespräche im Gewandhaus statt. Das Gewandhausorchester mit Kurt Masur reist am 19. November für drei Wochen nach Japan. Dort verfolgen alle intensiv im Fernsehen die Entwicklung in der DDR. Kurt Masur ist mit Leipzig ständig telefonisch verbunden und läßt sich über die Ereignisse – vor allem montags – informieren.

Am **17. November** übergeben die »Leipziger Sechs« der Presse ein Dokument, das unter dem Titel »Leipziger Postulate« die Ergebnisse der Gespräche mit der Bevölkerung zusammenfaßt.

24. November: Walter Janka, der 1957 verurteilte frühere Leiter des Aufbau-Verlags, wird durch einen Beschluß der Parteikommission der SED vollständig rehabilitiert.

27. November: »Neues Forum« organisiert die Montagsdemonstration in Leipzig; die 200 000 Teilnehmer fordern neben weitergehenden Reformen eine Deutsche Konföderation; auch Rufe nach Wiedervereinigung werden laut.

1. Dezember: Der ausgebürgerte Liedermacher Wolf Biermann darf erstmals wieder in die DDR einreisen. Er gibt in Leipzig vor 5000 Zuhörern ein Konzert, das im DDR-Fernsehen live ausgestrahlt wird.

Kurt Masur wird am **4. Dezember** zum Ehrenbürger der Stadt Leipzig ernannt.

21. Dezember: Der von vielen Autoren in West und Ost kritisierte Präsident des DDR-Schriftstellerverbandes, Hermann Kant, tritt zurück. Kant, der diese Funktion seit 1978 innehatte und damals Nachfolger von Anna Seghers war, gibt als Gründe für seinen Schritt den physischen und psychischen Druck an, dem er sich in jüngster Zeit ausgesetzt fühlte.

Am **21. Dezember** besucht der französische Staatspräsident, François Mitterand, das Gewandhaus und hat ein einstündiges Gespräch mit Kurt Masur.

22. Dezember: Das Brandenburger Tor ist offen. Zehntausende finden sich auf beiden Seiten des Tores ein. Um 15 Uhr erklärt DDR-Ministerpräsident Modrow im Beisein von Bundeskanzler Kohl, dem Regierenden Bürgermeister Momper und Ost-Berlins Oberbürgermeister Krack das Tor für geöffnet. Unter Jubelrufen und Freudentränen drängen die Menschen durch das Brandenburger Tor.

Am **31. Dezember** feiern dort rund 500 000 Menschen Silvester; der letzte Satz von Beethovens Neunter Sinfonie in einer Gewandhaus-Aufführung dröhnt aus Lautsprechern.

Die ARD und das DDR-Fernsehen übertragen original die Aufführung der »Neunten« aus dem Gewandhaus zum Jahreswechsel.

Die ARD sendet anschließend das Interview »Können Noten Schicksale haben?«, das Gero von Boehm mit Kurt Masur geführt hat.

Anfang Januar 1990: Kurt Masur wird von verschiedenen Parteien für das Amt des Staatspräsidenten ins Gespräch gebracht.

Nachdem das Ehrenmal für die im Zweiten Weltkrieg gefallenen sowjetischen Soldaten in Berlin-Treptow mit antisowjetischen und rechtsradikalen Parolen beschmiert worden ist, ruft die SED/PDS zu einer Demonstration am 4. Januar auf. Es nehmen Vertreter aller Parteien und Bewegungen einschließlich oppositioneller Gruppen daran teil.

Die Demonstrationen in den großen und kleinen Städten der DDR stehen zunehmend unter der Losung »Deutschland, einig Vaterland!«.

Vor allem in Leipzig, der »Heldenstadt«, werden aber auch zunehmend rechtsradikale Stimmen laut.

Am **30. Januar** trifft Kurt Masur an der Evangelischen Akademie Tutzing mit dem Bundespräsidenten Richard von Weizsäcker zusammen.

Am **11. Februar** wird das Buch »Der vormundschaftliche Staat« von Rolf Henrich in seiner DDR-Ausgabe (Verlag Kiepenheuer, Leipzig) im Gewandhaus vorgestellt. Kurt Masur hatte dieses Buch im Sommer 1989 in der westdeutschen Ausgabe gelesen und den von den damals Herrschenden ins Abseits gestellten Autor unterstützt.
Am **12. Februar** stellt Klaus von Dohnanyi am gleichen Ort sein Buch »Brief an die Deutschen Demokratischen Revolutionäre« vor.

Bei beiden Veranstaltungen ist Kurt Masur Leiter der sich lebhaft entfaltenden Gespräche zwischen den Autoren und dem Publikum.

Am **15. März** gibt Kurt Masur während einer internationalen Pressekonferenz im Gewandhaus seinen Entschluß bekannt, nicht für das Amt des Staatspräsidenten der DDR zu kandidieren. »Sein« Präsident sei Richard von Weizsäcker.

18. März: In der DDR finden die ersten freien und geheimen Wahlen statt. 24 Parteien oder Gruppierungen stellen sich zur Wahl. Klarer Sieger wird die konservative »Allianz für Deutschland«.

Leipzig im Herbst 1989

Im Juni hatte ein besorgter Leipziger Bürger den Gewandhauskapellmeister Kurt Masur in einem Brief auf den unwürdigen Umgang mit musizierenden jungen Menschen auf den Straßen der Stadt aufmerksam gemacht: Hohe Geldstrafen und »Zuführungen« (Verhaftungen) drohten jedem, der die – nur durch komplizierte Behördengänge zu erlangende – Genehmigung nicht vorweisen konnte. Am 28. August gab es in der seit Jahren im Neuen Gewandhaus eingeführten Veranstaltungsreihe »Begegnung im Gewandhaus« (big) einen Abend zu »Leipziger Straßenmusik gestern, heute und morgen« unter der Gesprächsführung von Kurt Masur. Das war der Beginn einer immer engeren Verknüpfung des Gewandhauses mit der angespannten Situation in Leipzig.

Anfang Oktober sendete die ARD ein Interview mit dem Gewandhauskapellmeister. Auf die Frage nach dem Vorgehen der Sicherheitskräfte gegen Teilnehmer des Friedensgebetes in der Nikolaikirche antwortete er: »Ich schäme mich.« – Am 5. Oktober erklärten das Gewandhausorchester und alle Mitarbeiter des Gewandhauses ihre Übereinstimmung mit der Haltung Professor Masurs und verabschiedeten einstimmig eine Willenserklärung, die den Massenmedien und Verantwortlichen des Staates und der SED zugeleitet wurde:

»Wir, Mitarbeiter des Gewandhauses, die über das hervorragende Medium der Musik verfügen, um humanistische Inhalte, Meinungen, Gefühle und Ziele in unserer kulturvollen Heimstatt, dem Neuen Gewandhaus, zu verkünden, möchten uns zu Worte melden.

Die Entwicklung in unserem Lande und insbesondere in unserer Stadt geben uns Anlaß dazu.

Wir bekennen uns ausdrücklich zu jedem der Worte, das unser Chef, Prof. Kurt Masur, am Abend des 2. Oktober in einem ARD-Interview gesprochen hat.

Laßt uns zu einem sinnvollen Dialog kommen in unserem Lande zwischen allen Mitgliedern der Gesellschaft.

Es ist bestimmt sinnvoll für diesen Dialog, wenn auch andersdenkende Menschen die Möglichkeit haben, sich öffentlich zu äußern.
Wir müssen unsere Probleme beim Namen nennen und dürfen nicht so tun, als gäbe es keine.

Jeder Mensch, der uns den Rücken kehrt und das Land verläßt, ist ein unersetzlicher Verlust, der zwangsläufig eine Verschlechterung der Lebensqualität in der DDR mit sich bringt.

Wir alle, die wir hier in unserer Heimat leben und bleiben wollen, haben aber das Recht auf allseitig gute Lebensbedingungen, um mit einer optimistischen Zukunft vor Augen zu existieren.

Es darf keine Zeit mehr verlorengehen!«

Am 7. Oktober gab das Gewandhausorchester unter Kurt Masur ein Konzert, in dem die »Commedia per musica« für Kinderchor und Orchester von Friedrich Schenker uraufgeführt wurde, gefolgt von der Siebten Sinfonie von Anton Bruckner. Die Chorkinder, Musiker und das Publikum im vollbesetzten Saal hatten die Wasserwerfer auf dem Karl-Marx-Platz gesehen; Umleitungen des Straßenverkehrs hatten das Herankommen behindert.

Der 9. Oktober 1989 begann für die Stadt Leipzig bedrohlich – Sicherheitskräfte wurden zusammengezogen, weil man mit einer großen Demonstration der »Konterrevolution« rechnete. Sechs Leipziger Persönlichkeiten – der Theologe Dr. Peter F. Zimmermann, der Kabarettist Bernd-Lutz Lange, die damaligen Sekretäre der SED-Bezirksleitung Dr. Roland Wötzel, Dr. Kurt Meyer und Jochen Pommert – formulierten gemeinsam mit Kurt Masur am späten Nachmittag einen Aufruf. Peter Zimmermann eilte in die vier Kirchen, in denen Friedensgebete stattfanden, wo der Text verlesen wurde. Kurt Masur sprach den Text auf Band, und ab 18 Uhr – der Karl-Marx-Platz hatte sich mit Zehntausenden Menschen gefüllt – wurde er über die Lautsprechersäulen des »Stadtfunks« und den Radiosender Leipzig verbreitet:

»Unsere gemeinsame Sorge und Verantwortung haben uns heute zusammengeführt. Wir sind von der Entwicklung in unserer Stadt betroffen und suchen nach einer Lösung. Wir alle brauchen einen freien Meinungsaustausch über die Weiterführung des Sozialismus in unserem Land. Deshalb versprechen die Genannten allen Bürgern, ihre ganze Kraft und Autorität einzusetzen, daß dieser Dialog nicht

nur im Bezirk Leipzig, sondern auch mit unserer Regierung geführt wird. Wir bitten Sie dringend um Besonnenheit, damit der friedliche Dialog möglich wird.«

Gegen 19 Uhr – es hatte keine Zusammenstöße gegeben – formierte sich ein Demonstrationszug. Das Gewandhausorchester unter Kurt Masur begann pünktlich um 20 Uhr sein Konzert. Draußen zogen Menschen in breiten Reihen über den Stadtring; am Gewandhaus skandierten sie: »Kurt Masur, wir danken dir!«, »Bravo, Kurt Masur!« oder einfach nur »Kurt Masur! Kurt Masur!« Sein am Künstlereingang geparktes Auto wurde mit Herbstblumen geschmückt.

Nach der Rückkehr von einer zehntägigen Sowjetunion-Tournee löste Kurt Masur sein Versprechen ein: Im Kleinen Saal beziehungsweise im Hauptfoyer des Neuen Gewandhauses begannen am 22. Oktober die »Gespräche am Karl-Marx-Platz«, insgesamt fünf mit zwischen 500 und 3000 Besuchern. Die Gespräche waren jeweils einem zentralen Thema gewidmet, und die thesenartige Zusammenfassung der Fragestellungen, auch zusammengetragen in anderen Gesprächsrunden unter Leitung der anderen Mitglieder der »Leipziger Sechs«, wurden von ihnen am 17. November in einer internationalen Pressekonferenz als »Leipziger Postulate« der Öffentlichkeit vorgestellt.

Am 4. Dezember 1989 wurde Kurt Masur zum Ehrenbürger der Stadt Leipzig ernannt.

Der 18. Dezember brachte nach den Oktober- und November-Montagen die größte und berührendste Demonstration. Über 200 000 Menschen kamen in die Innenstadt; unter ihnen verbreiteten Superintendent Friedrich Magirius, Pfarrer an der Nikolaikirche, und Gewandhauskapellmeister Kurt Masur ein Flugblatt:

»Liebe Leipziger!

Ich möchte mich dafür bedanken, daß Sie mich in Ihren Kreis aufgenommen haben, denn für mich ist jeder von Ihnen, der mutig, leidenschaftlich und besonnen zugleich sich in den vergangenen Wochen für diese Stadt und unser Land eingesetzt hat, zum Ehrenbürger geworden.

Ausgangspunkt dieser großen Bewegung, die in Leipzig entstand, war die Nikolaikirche. Und wenn Superintendent Magirius aufgerufen hat, am Montagabend der Menschen zu gedenken, die Opfer der zurückliegenden Jahrzehnte wurden, so sollte uns gleichzeitig auch bewußt sein, daß Weihnachten ein Fest der Hoffnung ist.
Ganz Europa hofft mit uns, daß die Weiterführung der Leipziger Montags-Demonstrationen ab 8. Januar genauso friedlich erfolgt und damit die große Idee eines vereinten Europas verwirklicht werden kann. Wir Deutschen werden auf diese Weise ganz natürlich zusammenwachsen und das Vertrauen unserer Nachbarn erhalten.

Ihr Kurt Masur

Die Kirchen und Vertreter der demokratischen Gruppierungen bitten Sie alle ganz herzlich, entlang der Straßen, die wir zehnmal demonstrierend gezogen sind, einen Ring von Menschen zu bilden. Mit Kerzen in den Händen wollen wir von 18.15 Uhr bis 18.30 Uhr einige Minuten schweigend gedenken der Opfer der Gewalt und geistigen Unterdrückung unter stalinistischer Herrschaft, der Ereignisse des Herbstes 89, der Inhaftierungen, des gewaltlosen Widerstandes und des Beginns der demokratischen Erneuerung.
Zum Abschluß werden die Glocken der Kirchen läuten und die Gläubigen unter uns zum Gebet rufen, zugleich aber die Verbundenheit mit allen Menschen guten Willens bekunden.

Ihr Friedrich Magirius

Wir beide wünschen ein friedliches Weihnachtsfest und uns allen Hoffnung und Glück für das neue Jahr!«

Die stille Demonstration mit Zehntausenden Kerzen löste sich erst gegen 19 Uhr langsam auf.

Am 28. Dezember gab das Gewandhausorchester unter Kurt Masurs Leitung das erste »Konzert für Leipzig«, dessen Reinerlös bedürftigen Leipziger Bürgern zugute kam. Dieser Neunten von Beethoven folgten weitere »Konzerte für Leipzig«, von Gastorchestern wie dem RIAS-Jugendorchester im Neuen Gewandhaus und vom Gewandhausorchester in Leipzigs Partnerstadt Hannover und in Frankfurt am Main.

Am 29. Dezember gab Kurt Masur, von Interviewwünschen aus der ganzen Welt überschüttet, wiederum eine internationale Pressekonferenz. Mittlerweile waren von vielen Seiten Vorstellungen geäußert worden, daß der Gewandhauskapellmeister als international geachtete, integre Persönlichkeit an die Spitze des neuen Staates gehöre. Auf die diesbezügliche Frage antwortete Kurt Masur: »Ich bin ein glücklicher Mensch, weil ich Musiker bin. Zwar will ich mich der Mitverantwortung nicht entziehen, doch meine Kräfte vor allem Leipzig widmen, denn hier werden sie am meisten gebraucht.«

Briefe von Oktober bis Dezember 1989

Wie viele Menschen bin auch ich bestrebt, meinen Platz in einem sinnerfüllten Leben in unserem Lande zu finden. Mit dem Aufruf, mit dem Sie sich auch im Namen anderer prominenter Persönlichkeiten unserer Stadt am Montagabend an die Bevölkerung wandten, haben Sie ein wichtiges Zeichen der Verständigung und des Friedens gesetzt, für das ich Ihnen von Herzen danken möchte.

9. Oktober 1989 *Ronald K., Leipzig*

Ich find' es Spitze, wie Sie sich mit uns solidarisieren!

9. Oktober 1989 *Karin R., Leipzig*

Getragen von dem spontanen Wunsch, Ihnen unsere Hochachtung und Solidarität zum Ausdruck zu bringen für den Mut und die Klugheit, die Sie in den Auseinandersetzungen der letzten Tage für das Zustandekommen eines Dialogs gezeigt haben, diese Zeilen. Ich erlaube mir, im Namen der überwiegenden Mehrheit der Mitglieder des Bezirksverbandes bildender Künstler Berlins Ihnen unseren Respekt und Dank zu übermitteln!

Wir sehen uns mit Ihnen und unzähligen Künstlern und Kulturschaffenden einig, die Entwicklung in unserem Land voranzubringen, Verhärtungen und Erstarrungen zu überwinden!

9. Oktober 1989 *Arbeitsgruppe »Junge Kunst«, Verband bildender Künstler, Berlin*

Gestatten Sie uns, Ihnen als erstgenannten Unterzeichner des am Abend des gestrigen Tages öffentlich gemachten Appells mit dem darin enthaltenen Versprechen unsere Hochachtung für Ihr Engagement und Ihren Mut auszusprechen, was desgleichen für alle Mitunterzeichner gilt. In Sorge, da in der Presse des heutigen Tages jedes Zeichen einer umfassenden Dialogbereitschaft wie bisher fehlt, daß Ihnen selbst aus diesem Einsatz Schwierigkeiten erwachsen, teilen wir hiermit ausdrücklich mit: dieser Appell findet unseren Beifall, unsere Unterstützung und ist Ausdruck unserer Hoffnung.

Zwar sind wir als Laienchor bei weitem kein so überaus prominentes und renommiertes Ensemble wie das Gewandhaus zu Leipzig, dennoch – wir bitten, das nicht als Vermessenheit zu betrachten – schließen wir uns vollinhaltlich der von Ihnen verlesenen »einstimmigen Willenserklärung der Mitarbeiter des Gewandhauses zu Leipzig« vom 5. Oktober 1989 an. Das Liedgut, dem sich unser Chor verpflichtet hat, die Spirituals und Gospel-Songs des schwarzen Amerikas wie auch des teilweise heute noch um Befreiung kämpfenden schwarzen Afrikas, sie waren schon immer und sind noch Mittel der Kommunikation und des Dialoges, damals für die Sklaven, heute für die Unterdrückten. Und nicht nur innerhalb der Kirchen, sondern in allen Lebensbereichen – Dialog in allem und mit allen: das scheint uns nicht nur für die »Schwarzen« anderswo, sondern auch für uns »Weiße« derzeit und hierzulande dringend notwendig.

Wir wissen, Dialog führen ist schwierig; in der Schule ist uns eine Kultur des sachlich-konstruktiven Streites, der gegenseitige Achtung und Toleranzbereitschaft einschließt, nicht gelehrt worden. So wissen wir auch nicht, ob ein besonnenes, friedliches »Auf-die-Straße-Gehen« nicht bereits eine legitime Form eines solchen Streites ist. Drückt sich nicht schon darin eine gereifte Streitkultur aus, daß sich am gestrigen Abend ein – schätzungsweise – Sechstel der Einwohnerschaft selbst disziplinierte und nicht vom Aufmarsch der Gewalt provozieren ließ? Gewiß hat Ihr Appell mit dazu beigetragen.

10. Oktober 1989 *Claudius B., Michael W.,*
im Auftrag des Spiritualchores, Leipzig

Als einer derjenigen, die sich am vergangenen Montagabend im Zentrum unserer Stadt versammelt hatten, um auf die Unerträglichkeit unserer derzeitigen Situation aufmerksam zu machen, möchte ich Ihnen und den

Mitunterzeichnern des am gleichen Abend öffentlich gemachten Textes danken.

Ich habe dies als ein Zeichen in einer schwierigen Zeit erlebt, das hoffentlich helfen wird, einen gemeinsamen Weg aus der für sehr viele beklemmenden Sitation zu suchen und zu finden. Ich wünsche uns, daß es möglich wird, Ihr gegebenes Versprechen einzulösen.

10. Oktober 1989 *Götz R., Leipzig*

Es ist mir ein großes Bedürfnis, Ihnen meinen höchsten Respekt und meine ganze Dankbarkeit zum Ausdruck zu bringen. Die Sorge wohl aller in der Verantwortung stehenden Menschen in unsere Stadt war am letzten Montag auf einem Kulminationspunkt. Ihr tapferes und mutiges Vermitteln hat uns alle vor einem unvorstellbaren Desaster bewahrt. Erst die Nachgeborenen werden ganz würdigen können, was Sie mit Ihrem Aufruf in letzter Minute vor der möglichen Konfrontation bewirkt haben!

Sie sollen wissen: Ich stehe sehr nahe neben Ihnen. Und mit mir alle, die in diesen Tagen auf kirchlicher Seite Verantwortung tragen.

Wann immer Sie unsere Vermittler-Rolle brauchen, stehen wir Ihnen und der Sache des inneren Friedens und der Menschenwürde zur Verfügung. Gott segne Sie.

10. Oktober 1989 *Johannes R.,*
Superintendent des Kirchenbezirkes Leipzig-West

Ich möchte Ihnen für Ihr Engagement, für Ihre Zivilcourage am gestrigen Tage danken!!! Ich machte die Erfahrung, daß die Bereitschaft der Bürger, sich die Hand zu reichen und miteinander über die weitere Gestaltung des Sozialismus in unserem Lande zu sprechen und friedlich zu streiten, sehr groß ist. Die Menschen standen vor den Lautsprechern, nahmen ergriffen Ihren Appell auf und spendeten spontan Beifall. Vielleicht werden wir eines Tages vom »Geist von Leipzig« sprechen, der den friedlichen Dialog eröffnen half! Die Menschen in der Stadt Leipzig sind stolz auf all die beherzten Bürger, die sich ihrer Stadt zuliebe auf diese

Weise exponiert haben. Möge Ihr Beispiel wirken und zum Nachmachen anregen!

10. Oktober 1989 *Karsten D., Leipzig/Berlin*

Ermutigt durch Ihre Initiative, wende ich mich an Sie mit der Bitte, alles Menschenmögliche zu tun, daß die Inhaftierten freigelassen werden, die wegen ihres Wunsches, die DDR zu verlassen, verhaftet und verurteilt wurden, und vor allem diejenigen, die wegen friedlicher Demonstration im Gefängnis sitzen. Die Ereignisse der letzten Tage und Stunden haben die Fragwürdigkeit solcher Verurteilungen offenbar gemacht. Die Freilassung der Gefangenen würde zeigen, daß es gleiches Recht für alle gibt, und würde ein erster Schritt sein, Vertrauen wiederzugewinnen.

10. Oktober 1989 *Elke F., Leipzig*

»Suchet der Stadt Bestes!« – Erlauben Sie mir, daß ich Ihnen meinen schlichten Dank sende. Dank dafür, daß Sie in kritischer Stunde den Mut bewiesen haben, für uns alle in der Stadt das Gewicht Ihres Amtes in die Waagschale des Geschehens zu legen. Sie haben durch Ihr Handeln wesentlich zur Entspannung der Situation beigetragen, denn Ihrem Wort vertraut man. Sie haben die Bemühungen von uns Christen um Gewaltlosigkeit ganz entscheidend erleichtert.

10. Oktober 1989 *Wolfgang U., Leipzig*

Mit Herzbeklommenheit habe ich am gestrigen Montagabend die »Heute«-Nachrichtensendung des ZDF eingeschaltet, um zu erfahren, welchen Verlauf die politische Willensbekundung vieler Leipziger Bürger, Staatsbürger unseres Landes und keineswegs gewissenlose Elemente, nehmen würde, nachdem am Vorabend Bilder und widerwärtige Szenen von erschreckender Brutalität im Fernsehen, freilich nicht im DDR-Fernsehen, in mir Furcht ausgelöst hatten. Eine Brutalität, die sich gegen Jugendliche, halbe Kinder noch, richtete, die gerufen hatten: »Wir bleiben hier!« und »Keine Gewalt!«

Wie unendlich groß war meine Freude, als ich in besagter ZDF-

Sendung vernahm, Sie hätten zusammen mit SED-Funktionären, mithin Mitgliedern meiner eigenen Partei, und anderen zu Besonnenheit und Gewaltlosigkeit und zu Gesprächen aufgerufen. Mit Erleichterung war weiter zu hören, die Demonstrationen hätten einen friedlichen Verlauf genommen. Dafür bin ich Ihnen unendlich dankbar, Ihr mutiges Eingreifen soll Ihnen nie vergessen und stets hoch angerechnet werden.

Wenn es Ihnen möglich ist, übermitteln Sie bitte meinen Dank auch an jene, insbesondere an die SED-Funktionäre, die ebenso wie Sie Aufrichtigkeit und Nachdenklichkeit erkennen ließen – und das in einer mehr als nur bedrückenden Situation. Ihr Mut und Ihre Entschlossenheit sind bewundernswert; ich weiß, wovon ich rede. Daß es in unserem Lande Menschen wie Sie gibt, ist uns ein Trost, gleichsam Hoffnung – auf Demokratisierung, die unumkehrbar sein soll, auf ein menschliches Miteinander.

10. Oktober 1989 *Hubert A., Sondershausen*

Ich habe gestern als Rentnerin (61 Jahre) an der Friedensandacht in der Nikolaikirche teilgenommen, weil mir auch das Schicksal dieser, meiner Heimatstadt am Herzen liegt.

Ihr Aufruf an die Leipziger Bevölkerung hat wesentlich dazu beigetragen, daß die Demonstration ruhig verlief. Ihre beruhigenden Worte sind innerhalb und außerhalb der Kirche mit großer Begeisterung und Sympathie aufgenommen worden. Ich danke Ihnen dafür. Auch wir älteren Menschen hoffen, daß es zu dem von uns allen gewünschten sinnvollen Dialog und spürbaren Verbesserungen unseres Lebens kommen möge.

10. Oktober 1989 *Gertraud P., Leipzig*

Ein Signal geben zum richtigen Zeitpunkt – eine schlimme Konfrontation wurde verhindert, zu neuem Nachdenken angeregt und etwas von der großen Angst genommen durch Ihre besonnene Reaktion auf die Ereignisse in Leipzig. Dank an Sie und die Mitunterzeichner des Aufrufs vom Montag, damit wir später ohne Scham auf diese Tage zurückblicken können.

10. Oktober 1989 *Norbert K., Leipzig*

Ganz spontan: Ich bin aus tiefstem Herzen dankbar, daß Sie durch Ihre aufrichtige Haltung ein Beispiel gesetzt haben. Schon Ihre Äußerungen in der Fernsehsendung Anfang Oktober und nun auch Ihre Initiative, gemeinsam zu *sprechen,* hat tiefen Eindruck hinterlassen. Die Situation insgesamt macht mir angst – Angst, die ich noch nie kannte beziehungsweise immer verdrängt habe. Unfaßbare Erlebnisse machen ohnmächtig. Aber *Sie* haben mir (wie sicherlich vielen Menschen) Mut gemacht, die Hoffnung nicht aufzugeben. Danke!

10. Oktober 1989 *Hans-Peter K., Zwickau*

Ich möchte Ihnen auf diesem Wege meine ehrliche Meinung und meine Gedanken zu den vergangenen Ereignissen, insbesondere zu den Demonstrationen am 7. und 9. Oktober 1989 in Leipzig, und meine Schlußfolgerungen daraus mitteilen. Ich habe beide Demonstrationen miterlebt.

Zuerst möchte ich Ihnen jedoch mein volles Einverständnis zu Ihrer Erklärung übermitteln.

Mich haben die beiden Ereignisse sehr berührt und beeindruckt, im negativen wie im positiven Sinne. Zuerst zum 7. Oktober. Die Bilder und Erlebnisse, die sich mir dort offenbarten, erschütterten mich zutiefst. Ich habe diese Geschehnisse stark deprimiert, verängstigt und schockiert verlassen. Diese grauenvollen Bilder haben sich tief in mir eingeprägt. Ich werde sie nie vergessen können, und vor allem möchte ich sie kein zweites Mal mit ansehen müssen. Ich wünsche niemandem, daß er sich solche Bilder jemals ansehen muß. *[Am 7. Oktober hatte die Polizei mit Knüppeln auf unbeteiligte Menschen eingeschlagen, die sich bei den »Leipziger Markttagen« – sie wurden alljährlich um den »Tag der Republik«, den 7. Oktober, organisiert – in Gruppen bewegten. Gegen Ansammlungen auf dem Karl-Marx-Platz wurde später mit Wasserwerfern vorgegangen.]*

Von der Demonstration am 9. möchte ich sagen, daß sie erst einmal eine sehr wichtige Aufgabe – als Entspannungsakt gegenüber der Demo vom 7. Oktober – erfüllt hat. Ich finde, sie war ein großer Beweis für friedliche Bereitwilligkeit der Bevölkerung, sich Problemen in unserem Land zu stellen, sie zur Sprache zu bringen und zu lösen. Ich hoffe nun von seiten unserer Regierung auf Akzeptanz und Anerkennung dieses

Zeichens der Bevölkerung. Die Folgen von Ignoranz, Verleumdung oder Mißbilligung wären nicht auszudenken. Im schlimmsten Falle würden sie, um es konkret zu nennen, ein zweites Peking bedeuten. Das wäre nicht wiedergutzumachen.

Ich will nicht verheimlichen, daß es in unserem Land Bürger gibt, die derartiges sogar provozieren. Auf diese gilt es dann entsprechend einzuwirken. In diesem Zusammenhang möchte ich entschieden die Randaliereien in Dresden aufs schärfste verurteilen. Es darf jetzt kein falscher Schritt getan werden.

Ich erhoffe von unserer Regierung sehr, daß sie die Demonstrationen in unserem Land am 9. Oktober und die eventuellen, hoffentlich genauso friedlich verlaufenden folgenden als Anlaß zum Nachdenken nimmt und endlich mit Mut und Willen zu Einsicht, Selbstkritik, Offenheit, zum Überwinden von Problemen kommt und sich bereit zeigt, auch andere Meinungen anzuhören und zu akzeptieren.

Ich und ganz bestimmt der überwiegende Teil der Bevölkerung – wir sind für demokratische, friedliche, konstruktive und humane Lösungen. Es geht hier um eine große Sache, nämlich um 17 Millionen Menschen. Letztendlich wollen wir doch alle dasselbe, nämlich eine Deutsche Demokratische Republik. Die Regierung sollte jetzt schnell reagieren und der Bevölkerung entsprechende, deutliche Zeichen geben. Schnell!

Ich bin Schlosser, 21 Jahre alt.

11. Oktober 1989 *Jörg M., Leipzig*

In dieser bewegten Zeit, die uns allen Denkanstoß und Anlaß zur Besorgnis ist, beeindruckt uns Ihre progressive und humanistische Haltung und Meinungsäußerung tief. Ihr Engagement zum Dialog und zur Reformbereitschaft innerhalb unseres Staates haben uns Mut gemacht und bewirkt, daß auch wir uns in unserem Bestreben nach friedlichen, uns allen dienenden Veränderungen bestärkt fühlen und uns weiterhin für die Verwirklichung dieser gemeinsamen Ziele einsetzen werden.

Wir danken Ihnen, daß Sie uns gezeigt haben, daß Resignation und Passivität uns nicht vorwärtsbringen.

11. Oktober 1989 *Service des Hotels »Merkur«, Leipzig*

Als Musikfreundin und Bürgerin unserer Stadt möchte ich mich bei Ihnen bedanken, daß Sie sich mit Ihrer Persönlichkeit, die weit über unsere engen Grenzen hinaus bekannt ist, für Menschen einsetzen, die positive Veränderungen für das Leben in unserem Land anstreben und bislang keinerlei Gehör bei Regierung und offiziellen Vertretern der Partei fanden.

Ich glaube, wie ich und meine Familie sind alle Menschen, die nicht gleichgültig den Vorkommnissen in unserer Stadt gegenüberstehen, dankbar und voller Hochachtung für diesen Ihren couragierten Schritt in dieser angespannten Situation. Sie haben damit etwas in Bewegung gesetzt – eine Gesprächsbereitschaft zu Problemen, die in unseren Medien (noch) nicht existieren und einer Lösung bedürfen.

11. Oktober 1989 *Christine K., Leipzig*

Mit großer Freude haben wir davon gehört, daß Sie mit dem Einsatz Ihrer Person und dem Gewicht Ihrer Autorität dazu beigetragen haben, daß am Montag in Leipzig eine friedliche und gewaltfreie Demonstration stattfinden konnte.

Wir möchten Ihnen unsere Hochachtung aussprechen und gleichzeitig dafür danken. Sie haben damit auch ein Zeichen für weitere Persönlichkeiten des öffentlichen Lebens in unserem Land gesetzt, sich einzumischen in die Probleme und Konflikte der Vergangenheit und Gegenwart in unserem Land. Wir bitten Sie, auch weiterhin für den Dialog aller gesellschaftlichen Kräfte miteinander für eine bessere DDR einzutreten, und wünschen Ihnen dazu Gesundheit und Kraft.

11. Oktober 1989 *Hubert G., mit 15 Unterschriften,*
Karl-Marx-Stadt

Als langjährige Gewandhausbesucherin war ich schon immer ein Fan von Ihnen. Heute möchte ich Ihnen meine Hochachtung und meinen Dank sagen für die von Ihnen eingenommene Haltung in unserer derzeitigen politischen Situation.

Bereits bei dem Interview in der ARD sind mir Ihre Worte unter die Haut gegangen. Sie haben genau das Empfinden ausgedrückt, was wohl die meisten ehrlichen DDR-Bürger zur Zeit fühlen. Ihre nun bezogene Stellung ist bewundernswert. Und ebenso erfreulich ist, daß sich nun auch das Orchester hinter Sie stellt. Wie gut, daß es Menschen gibt, die einen Anfang machen. Hoffentlich schließen sich noch viele Persönlichkeiten des öffentlichen Lebens an!

11. Oktober 1989 *Eva S., Leipzig*

Mit Ihrem engagierten, von Verantwortung getragenen Appell zu Ruhe und Besonnenheit an alle DDR-Bürger haben Sie zu unser aller Erleichterung dazu beigetragen, daß die Protestaktionen am vergangenen Montag in Leipzig einen friedlichen Verlauf nahmen. Gestatten Sie, daß ich Ihnen dafür ganz herzlich und aufrichtig danke. Wir alle hoffen, daß die sich nun andeutenden Zeichen der Vernunft und des guten Willens zu einem erfolgreichen Dialog zwischen Bevölkerung und Regierung führen, damit die uns bewegenden und zur Lösung drängenden Probleme unserer Zeit in unser aller Interesse durch ein Miteinander in Angriff genommen werden. Ich erlaube mir, Ihnen dazu meine Gedanken mitzuteilen:

Gewissensentscheidung unserer Zeit
Freiheit – ein abstraktes Wort.
Freiheit – hängt sie ab vom Ort,
von der Zeit, in der du lebst,
deinem Glück, das du erstrebst?

Klassenschlachten, opferschwer,
Kampf um Ziele, edel, hehr,
und der Mensch, der sich befreit:
Fortschritt, Wohlstand, Konsumstreben,
kann der Mensch zufrieden leben?

Tätigkeiten, die sich lohnen,
Fesseln lösen, nicht mehr fronen,
unabhängig vorwärts streben,
zu den Sternen sich erheben,
immer mehr Profit im Sinn,
bracht' es Segen, nur Gewinn?

Schreiend Unrecht – Arm und Reich,
Traum, daß alle Menschen gleich,
Ruf nach Freiheit, Menschenrechten,
Waffen, Kriege allzeit ächten,
Chancen nützen, akzeptierbar, doch:
Ist die Menschheit noch regierbar?

Weltprobleme, riesengroß
lasten schwer der Erde Schoß.
Uns're Enkel klagen an:
Ihr habt nicht genug getan!
Rücksichtslos geschändet nur,
wird sie sterben, die Natur?

Schrankenloses Freiheitsstreben,
nur dem eig'nen Vorteil leben –
tausendfach Gewissensplagen.
Schranken wir im Herzen tragen!
Stimmen der Vernunft ertönen, doch:
Ist die Menschheit zu versöhnen?

Keiner kann in diesen Fragen
frei von Schuld und Pflicht sich sagen.
Will die Menschheit überleben,
muß statt nehmen sie mehr geben.
Raum den Nachbarn, Pflanzen, Tieren,
endlich auch VERZICHT probieren!

Augen schließen vor Problemen?
Stellen wir uns diesen Themen!
Satte Selbstzufriedenheit?
Bannt der Heuchler Eitelkeit!
Gegen doppelte Moral,
Gleichmut, Duldsamkeit, Verfall!

Menschen, ehrlich, ungezählt,
heute unsre Zukunft quält.

DARUM: Löst Probleme jetzt und hier,
Herz, Verstand setzt ein dafür!
Die Entscheidung liegt bei dir!
Freiheit ist der Weg zum WIR!

12. Oktober 1989 *Ursula Sch., Mölkau bei Leipzig*

Vielleicht sind Sie erstaunt, diese zwei Panoramafotos zu erhalten. Als Reporter war ich Augen- und Ohrenzeuge dieser Demonstration der 70 000, und es war für mich in meiner 35jährigen Zeitungsarbeit wohl der bewegendste Augenblick; dabei habe ich gewiß schon viele Höhepunkte miterlebt und dokumentiert. Als über den Stadtfunk Ihre Worte zur Besonnenheit aufforderten, da rannten die Menschen zu den Lautsprechersäulen, um besser zu verstehen, denn die Übertragung war schlecht. Als sie dann hörten: Es sprach Kurt Masur, brach begeisterter Beifall aus, und das nicht im Konzertsaal, sondern auf einer bescheidenen Arena der Geschichte. Ich habe mir die Gesichter der Menschen angesehen, die auf den Platz und in die Grimmaische Straße strömten. Darin zeigte sich keine Angst, sondern Aufbruchsstimmung, der Wille zum Besseren, Hoffnung, die durch Ihre Worte für Augenblicke in Begeisterung umschlug. So fühlte ich mich in der Pflicht, Ihnen diese beiden Fotos zukommen zu lassen.

12. Oktober 1989 *Martin N., Großpösna*

Mit Respekt und Hochachtung habe ich am vergangenen Montag auf dem Karl-Marx-Platz Ihre mutigen Worte vernommen. Dafür danke nicht nur ich, sondern Zehntausende Leipziger Bürger. Jetzt brauchen wir unerschrockene Persönlichkeiten, deren Wort bei den Herrschenden Gewicht hat. Die Jugend allein schafft es nicht. Bitte unterstützen Sie diese gute Sache weiter.

Ich selbst, Jahrgang 1919, den man elf Jahre als Soldat und sowjetischer Gefangener um seine Jugend betrogen hat, möchte noch erleben, in einem wirklich demokratischen Land als mündiger und freier Bürger zu leben.

12. Oktober 1989 *Hans W., Leipzig*

Ihre Haltung hat meiner Familie und mir sowie vielen meiner Kollegen Kraft und Zuversicht in unserer Arbeit als Lehrer gegeben, denn wir tragen an der Last vergangener Jahre sicher mit am schwersten.

12. Oktober 1989 *Gerda P., Leipzig*

Mit Erleichterung und Hoffnung haben wir Ihren Aufruf vom 9. Oktober 1989 über den Stadtfunk Leipzig vernommen, dessen Wortlaut aber leider bis heute noch nicht allen Bürgern der Stadt über die öffentlichen Medien bekannt gemacht worden ist. Mit Sorge haben wir die Ereignisse der letzten Monate in unserem Land verfolgt, sowohl die Ausreisewelle, die Fluchtbewegung und die innenpolitische Situation, als auch deren Darstellung und Kommentierung in den öffentlichen Medien. Betroffen sind wir darüber, daß insbesondere junge Menschen, Facharbeiter, Wissenschaftler, Ärzte und Angehörige medizinischer Berufe, die wir dringend brauchen, unser Land verlassen haben. Es ist an der Zeit, über das WARUM nachzudenken, Bereitschaft zu bekennen und in die Tat umzusetzen.

Auf die konkrete Situation in unserem Staat eingehend, halten wir es für sehr gefährlich, Leute, die ihren Willen bekunden, hier zu bleiben, als konterrevolutionäre Bande, als Rowdys und Asoziale zu bezeichnen, nur weil sie ihre Meinung vertreten. Wir glauben nicht, daß es notwendig ist, gegen diese Mitbürger – wie Kampfgruppenkommandeur Günter Lutz (siehe Leipziger Volkszeitung vom 6. Oktober 1989) schreibt – mit der Waffe in der Hand vorzugehen. Wir hoffen, daß Ihr Aufruf als Zeichen dafür gesehen wird, Bürger aller Anschauungen zu konstruktivem Gespräch und Handeln zusammenzuführen.

13. Oktober 1989 *Dr. K. Sch., im Auftrag des Kollektivs der Kinderabteilung einer Poliklinik, Leipzig*

Ich bin 21 Jahre alt und Studentin der Militärökonomie an der Hochschule für Ökonomie Berlin und seit dem 16. Juni dieses Jahres Mitglied der SED.

Ich möchte Ihnen ganz recht herzlich für Ihren Mut danken, den Sie in den Tagen des Oktober bewiesen haben. Ich habe nicht an Demonstrationen teilgenommen und denke jetzt sehr oft darüber nach, weshalb ich, weshalb so viele Mitglieder unserer Partei das nicht getan haben. Ich glaube, weder Parteidisziplinierung noch Vernunft sind eine Entschuldigung – im Gegenteil. Wir hätten die ersten sein müssen, statt dessen humpeln auch jetzt noch viele (gerade leitende) Genossen hinter den Aktionen, die jetzt eine umfassende Veränderung unseres Sozialismus bringen sollen, hinterher.

Sie haben auf Gerüchte gehört, nachdem sie uns jahrelang gesagt hatten, »Nummernkonten« in der Schweiz und stalinistisches Verhalten seien Gerüchte, die zu verbreiten eine Schande wäre, haben Mißtrauen an der Demonstration bewiesen und ausgesprochen, nachdem sie im Oktober kein bißchen Mißtrauen geäußert haben.

Doch zurück zu mir: Fatal die Vorstellung, auf welcher Seite ich im Falle eines Bürgerkrieges gestanden hätte, habe ich doch noch am 8. Oktober »andersdenkenden« Freunden gesagt, ich hielte Demos für kein geeignetes Mittel für Veränderungen – und habe das auch noch geglaubt.

Jetzt weiß ich vieles besser, habe von den Ossietzky-Schülern gehört und die erschütternde Janka-Buchlesung in der Volksbühne miterlebt. Daß dies alles, was sich hier an Transparenz entwickelt, fünf Minuten vor zwölf passiert, verdanken wir den Demonstranten und solch mutigen Menschen wie Ihnen.

14. Oktober 1989 — *Heike K., Berlin*

[Walter Jankas Buch »Schwierigkeiten mit der Wahrheit« erschien nach der Wende in der DDR. Der ehemalige Leiter des Aufbau-Verlages Berlin wurde in einem Schauprozeß 1957 zu vier Jahren Haft verurteilt – wegen angeblicher Verschwörung gegen das Ulbricht-Regime.

Im Frühsommer 1989 wurden mehrere Schüler der Carl-von-Ossietzky-Oberschule in Ost-Berlin wegen politisch aufmüpfigen Verhaltens kurz vor dem Abitur der Schule verwiesen. Dieser Fall war einmalig in der DDR.]

Ihre Worte im Fernsehen (Aktuelle Kamera vom Sonntag) – »Ich fühle mich alleingelassen« oder »im Stich gelassen« – haben uns sehr betroffen gemacht. Da nur Ausschnitte der Diskussion zu hören waren, wissen wir nicht genau, was Sie gemeint haben. Wir möchten Ihnen die Versicherung geben, daß Ihnen sehr viele Menschen in der DDR sehr dankbar sind, schon immer für die Musik und jetzt für Ihren Einsatz in dieser schwierigen Situation in Leipzig. Sie sind für viele ein Vorbild. Bitte, helfen Sie weiter!

Unverantwortlich finden wir, daß so viele Ärzte unser Land verlassen. Es sind in unseren Augen ganz gemeine Egoisten. Haben sie nicht einen Eid geleistet, Menschen zu helfen nach bestem Wissen und Gewissen? Wo ist das Gewissen dieser Ärzte? Sie lassen ihre Patienten im Stich, die Alten, Kranken, Kinder und Säuglinge. Das hat nichts mehr mit »Freiheit« zu tun, das gehört bestraft!

Ihnen aber danken wir von Herzen und wünschen Ihnen Gesundheit und Kraft. Im Namen aller Gleichgesinnten

19. Oktober 1989 *Erika R., Dresden*

Von meinen jährlichen Besuchsreisen in die DDR zurückgekehrt, erlebe ich die bestürzenden Nachrichten und die umwälzenden Ereignisse besonders intensiv mit. Meine Erschütterung über den Aderlaß ist außerordentlich groß.

Ich denke an die Tränen und die Wehmut der Zurückgelassenen. Ich denke auch an die Tränen, die hier fließen werden, wenn das erste Heimweh kommt; wenn das erste Weihnachtsfest in der Fremde gefeiert wird und dann doch nicht alles so schön und angenehm sein wird, wie es sich jeder insgeheim in seiner Vorstellung ausmalte.

Ich denke dabei auch an das bittere Gefühl, vor den verlockendsten Schaufensterauslagen und -dekorationen stehen zu müssen und nicht hineingehen zu können, weil das erarbeitete Geld für lebensnotwendige Dinge eingeplant ist. Verzicht, immer wieder Verzicht, um dann endlich den ersehnten – von der Gesellschaft vorgegebenen – Lebensstandard und diese Lebensqualität erreichen zu können.

Hier ist eine wohlhabende Ellbogengesellschaft entstanden, geprägt durch den Wegwerfkonsum, und in dieser Gesellschaft hat ein großer Teil der ganz jungen Menschen berechtigte Ängste, weil sie um die Vergiftung ihrer lebensnotwendigen Umwelt wissen. Eine Gesellschaft, die in einigen Schichten der Bevölkerung nicht diese schulische Ausbildung und das soziale Mitempfinden besitzt, wie es die vielen jungen Menschen haben, die jetzt zu uns einreisen. Die jungen Menschen werden hier unwillkürlich in soziale Schichten gelangen, in die sie von ihrer Bildung und aus ihrem Kulturkreis nicht hineinpassen, überhaupt auch gar nicht hineingehören.

Bei meinen Besuchen in der DDR erlebte ich die herzliche Wärme der dort lebenden Menschen. Ich meine jetzt nicht meine Angehörigen, sondern die Menschen, die mir im Alltag begegneten. Ich empfand dort eine große Ruhe und diese wiederum sehr wohltuend. Mir wurde dadurch bewußt, wie sehr ich – wir – hier der üblichen Hetze und Hektik ausgesetzt sind und wie besorgniserregend eine so voll technisierte Umwelt ist. Die Technisierung ist so beherrschend, daß der einzelne Mensch mitgerissen wird und es nicht einmal mehr bemerkt.

Die Schönheit und Weite der Landschaft in der Mark Brandenburg ließen in mir die Erkenntnis der Tragweite dieser Bewußtseinsschädigung aufkommen. Diese »schöne Ruhe« umfing mich in den kleinen Ortschaften, die ich durchfuhr. Sie luden durch ihre Beschaulichkeit meist zu einem kleinen Spaziergang ein. Die Häuser waren alt, jedoch sorgsam gepflegt, damit sie noch lange in diesem Zustand erhalten werden konnten. Davor blühende Gärten, auch sehr liebevoll gepflegt, darauf richtete ich immer mein besonderes Augenmerk. In diesem Freiraum gibt es keine Grenzen und Mauern, es blüht dort wie hier.

20. Oktober 1989 *Rosemarie B., Frankfurt/Main*

Lebte ich in Leipzig, so würde ich Sie mit Wort und Tat unterstützen, so aber – auf einem Dorf und schon in Rente (Jahrgang 23) – kann ich nur in ermutigenden Worten meiner unmittelbaren Umgebung (darunter vier Söhne) Hoffnung machen, Hoffnung auf grundlegende Reformen, auf eine wahrhaftige Demokratie, wie wir sie uns im Jahre 1945 so sehr ersehnt hatten.

Bitte lassen Sie sich nicht entmutigen, auch wenn Sie mit Halbreformern oder Dummköpfen an einem Tisch sitzen müssen und Sie sich manchmal sagen möchten: Auf was habe ich mich da bloß eingelassen!

Sie sind ein geachteter Mann in hoher Stellung, Ihr Wort hat Gewicht! Natürlich werden Sie auch ohne politisches Engagement in die Musikgeschichte eingehen, und sei es auch nur in der Aufzählung der Gewandhauskapellmeister! Aber als Gewandhauskapellmeister, der in dunklen Tagen für Recht und Freiheit gestritten hat, als solcher wären Sie dann wirklich unsterblich.

Einem Herrn Richard Wagner hat man es zugute gehalten (jedenfalls von seiten derer, welche demokratische Reformen erstrebten), daß er »auf die Barrikaden stieg«. Einem Herrn Wilhelm Furtwängler oder Richard Strauss (ich habe beide noch dirigieren sehen) dagegen wurde die kritiklose Duldung eines totalitären Regimes als politische Charakterschwäche vorgeworfen.

Und das mit Recht.

Sie stehen nicht allein, sehr geehrter Herr Masur, und Sie sind klug! Werfen Sie Ihre Klugheit in die Waagschale der Gerechtigkeit, der Freiheit und Demokratie! Und seien Sie gewiß, daß Sie nicht nur Bewunderer, sondern auch Freunde haben, die mit Ihnen um den Erfolg der gegenwärtigen Reformbestrebungen bangen. Und: Lesen Sie noch einmal den »Wilhelm Tell«, es lohnt sich!

23. Oktober 1989 *Dr. med. G. H., Graupa*

Mit großer Bewegtheit habe ich Ihr mutiges Engagement in dieser Zeit und zu unseren Problemen sehen und, wenn auch von Ferne, erleben können. Sie haben sich nicht auf die ruhige Position Ihrer weltweit gesicherten künstlerischen Anerkennung zurückgezogen, sondern haben Ihre Autorität in die Waagschale geworfen, um Bewegung zu erzeugen, die Bewegungsrichtung mit der notwendigen moralischen Wertigkeit zu versehen und so glaubwürdig zu machen. Ich danke Ihnen ganz besonders dafür und hoffe, daß Sie in genau dieser Weise weiter aktiv die Entwicklung vehement vorwärtsbringen.

Als ich mich entschloß, über westliche Medien die Exodushysterie zu dämpfen und vor möglichen schrecklichen Konfrontationen chinesischer Ausmaße zu warnen, habe ich mich ganz schrecklich einsam gefühlt. Ihr Auftreten in Leipzig gab auch mir Halt und Kraft, dort, wo ich meinen Teil zu unserer Entwicklung beizutragen hatte. So weiß ich mich eingebunden und gehalten von einer großen, guten Gesinnung. Ich wünsche Ihnen und uns allen, daß Ihr und unser aller Wirken für einen wirklich menschlichen Sozialismus, für ein offenes Land mit mündigen Menschen sich ohne schreckliche Opfer verwirklichen läßt.

23. Oktober 1989 *Winfried W., Schwerin*

Möchte Ihnen auf diesem Wege meine Anerkennung und meinen Dank sagen, daß Sie bereits vor Ihrer Konzertreise in die Sowjetunion mit Besonnenheit und Zielstrebigkeit versuchten, einen für uns alle so wichtigen Dialog mit der SED in Gang zu bringen. Besonders erfreut war ich darüber, daß Sie nun nach Ihrer Rückkehr gleich wieder den Faden aufnahmen und zur Diskussion ins Gewandhaus einluden.

24. Oktober 1989 *Wolfram P., Schwerin*

Wir müssen alle wieder lernen, mit dem Herzen zu reden. Davon ist uns in den letzten Jahren sehr viel verlorengegangen. Jeder war und ist vielleicht noch mißtrauisch. Keiner hat mehr offen jemandem ins Gesicht gesagt, was er dachte, aus Angst, es dem Falschen zu sagen.

Weshalb waren die Menschen, als es allen nach dem Krieg schlecht ging, offener und hilfsbereiter zu jedermann? Heute geht es allen soweit gut, und man strebt zu sehr nach materiellen Gütern, und dabei blieb der Mensch auf der Strecke. Ich war am Montag genau so ergriffen von den Menschen auf unseren Straßen. Laßt sie doch erst mal. Dort finden viele das wieder, was ihnen verlorengegangen ist, gemeinsam etwas zu tun, was nicht vorgeschrieben wurde.

27. Oktober 1989 *Rosemarie U., Leipzig*

Ich bin zur Zeit Studentin im ersten Studienjahr. Mit meinen 19 Jahren beschäftigen mich viele Fragen, die es wohl für viele junge Menschen gibt. Ich konnte seit einigen Jahren schon nicht mehr an die Umsetzung von Theorie (»große Erfolge«) und Praxis (offensichtliche Niederlage) glauben. Aber mit einemmal werden alle Dinge, die sich angestaut hatten, zur Sprache gebracht, diskutiert und vor allem Eigeninitiativen verlangt! Es ist aber auch eine Zeit, in der ich als Student keinesfalls von allen Seiten Offenheit oder gar Verständnis erwarten kann! Man sollte doch vor allem als erstes an den Bildungseinrichtungen durchsetzen, daß nicht Genossen Kommilitonen aufgefordert werden, andere auszuhorchen und gewonnene »Informationen« in der Parteiversammlung auszuwerten. Dies ist tatsächlich der Fall und hat mich zutiefst erschüttert. Ich frage mich nun, wie kann man diesem beikommen, werden doch solche Aufforderungen nur unter vier Augen geäußert. Außerdem sehe ich bisher »überzeugte« Genossen plötzlich voller Verständnis, Reue und Tatendrang, so daß ich mich wundern muß über solch eine Sinneswandlung! Ich kann kaum glauben, auch nicht über einen längeren Zeitraum, daß es gelingt, diese Menschen mit dem zweiten Gesicht ihrer eigenen Widersprüche zu überführen.

Trotz meiner Zweifel und meines Mißtrauens aber hoffe ich, daß sich die Vorstellung aller von einer Deutschen Demokratischen Republik erfüllen und ich später einmal stolz darauf sein darf, der Gelegenheit, die »offenen Grenzen« zu benutzen, widerstanden zu haben!

29. Oktober 1989 *Beate Sch., Leipzig*

Angefangen mit dem denkwürdigen Aufruf an die Leipziger Demonstranten am 9. Oktober, den sonntäglichen Foren im Gewandhaus bis zum Gespräch mit Rolf Henrich (es war ein Genuß, Ihnen beiden zuzuhören), spricht jedes für sich und alles zusammen für die Persönlichkeit eines Kurt Masur. Ich bin mir sicher, daß so wie im Jahre 1918 Arthur Nikisch mit der Aufführung der Neunten vor Arbeitern in die Geschichte des Gewandhauses eingegangen ist, Sie, sehr verehrter Herr Prof. Masur, mit Ihrem Engagement eine Mission erfüllt haben, die umfassend zu würdigen vielleicht erst in Zukunft möglich sein wird.

Wie Ihnen Ihr sonst doch eher zurückhaltendes Leipziger Publikum applaudierte, welche Wellen von Sympathie und Zuneigung Ihnen entgegenschlugen und Sie, wie so oft, sich demütig in das Orchester stellten, das wird mir mit meinen 68 Jahren unvergeßlich bleiben.

30. Oktober 1989 *Egon S., Leipzig*

Gott segne Sie auf Ihrem Weg. Ich bin stolz auf meinen Landsmann.

1. November 1989 *Elfriede M., ehem. Brieg, Schlesien*

So glaube ich, daß Sie mit Ihrem riskanten und energischen Einsatz Hasenfüßen wie mir zu Mut und kleinen Taten im Bereich der Möglichkeiten verholfen haben.

2. November 1989 *Cathrin H., Halle*

Ich wende mich heute an Sie mit der Bitte, diese nachstehende Wortmeldung zur Verbreitung mit zu nutzen. Leider kann ich dieses Vertrauen nicht dem Organ der Bezirksleitung der SED, der »Leipziger Volkszeitung«, entgegenbringen, obwohl ich Mitglied der SED bin.

Nur wenige Tage wieder ist visafreier Reiseverkehr zur ČSSR, und bereits mehrere tausend Bürger unseres Landes – vorwiegend junge Menschen – zieht es wieder westwärts. Warum?

Viele Menschen – nicht nur in Leipzig – haben sich durch ihr Auftreten mit Wort und Tat dafür eingesetzt, daß es zu gesamtgesellschaftlichen Veränderungen kommen soll. Nicht wenige haben durch legale und illegale Ausreise das Nachdenken mit erzwungen. Tausende, ja Hunderttausende haben mit ihrem Auftreten – auch auf der Straße –, dem gezeigten Mut, den Weg zur Wende, zur Veränderung bewirkt.

Kein Vertrauen zu den Veränderungen?

Gerade deshalb muß man bleiben, um aktiv mitzuwirken, daß diese verwirklicht werden.

Wie viele sind vielleicht dabei, die noch am letzten Montag mitgerufen haben: »Wir bleiben hier!«?

Hier ist unser Zuhause. Keiner kann sich nur einen gedeckten Tisch aussuchen. Ohne eignes Zutun bleibt man ein Gast; wo bleibt der eigne Beitrag, diesen Tisch mit zu füllen?

Skepsis ist berechtigt. Noch sind wir nicht über den Berg. Mißtrauen bleibt – insbesondere gegenüber allen, die bisher alles taten, um Kritiken und Hinweise beiseite zu schieben und ihren eignen Sozialismus zu leben.

Angst ist auch noch da, das Vertrauen auf Recht und Gerechtigkeit ist erschüttert. Auch trifft dies auf die Machtorgane des Staates zu.

Trotz des Wirkens dieser Organe, der Repressalien in den verschiedenen Ebenen, in den Betrieben, Justizinstitutionen usw. hat sich diese Bewegung des Wollens zu Veränderungen vollzogen. So hat sich das »Neue Forum« zu einer dieser Kräfte entwickelt. Eine Zulassung ist überfällig. Legales Arbeiten ist eine Notwendigkeit, um die bekundete Wende – wie sie auch in der vom Genossen Krenz am 3. November gehaltenen Rede bekräftigt wurde – durchzusetzen.

4. November 1989 *Lothar G., Leipzig*

Die politische Situation in unserem Land hat in den letzten Wochen einen grundlegenden Wandel erfahren. Es ist mir ein echtes Bedürfnis, Ihnen dafür zu danken, daß Sie in den politisch äußerst kritischen Tagen vom 7. bis 10. Oktober so mutig und besonnen zwischen Regierung und Volk vermittelten und dabei auch viel Zivilcourage bewiesen haben.

Die Situation war so unerträglich angespannt. Unser Sohn leistet seit Anfang September 1989 den Wehrdienst in Weißenfels, unweit von Leipzig, der Stadt, in der das Volk zuerst massiv auf die Straße ging. Die jungen Soldaten hatten nur Angst, auch ich habe mit viel Sorge und Angst in diesen Tagen gelebt. Mein Mann war zu dieser Zeit mit der Dresdner Philharmonie in Japan und hat die Ereignisse mit den gleichen Gefühlen verfolgt.

Hoffnungen auf die Zukunft geben die vielen beeindruckenden Demonstrationen in vielen Städten und die sachlichen offenen Diskussionen auf den verschiedensten Ebenen.

5. November 1989 *Renate St., Kesselsdorf*

Ich bin ein einfacher Mann, Schlosser im Metallgußwerk. In unserem Betrieb wird – wie überall – viel über die jetzige Lage diskutiert. In diesem Zusammenhang wird immer wieder der Name Masur genannt, nur mit großer Hochachtung! Werter Herr Professor. Sie geben uns Mut und Zuversicht, mehr als unsere gesamte Regierung zusammen.

9. November 1989 *Harri B., Leipzig*

Ich habe vor wenigen Minuten die auszugsweise Wiederholung der Sonntags-Diskussion im Gewandhaus gehört. Ich war von der Art der Beiträge und der Härte ihrer Inhalte zutiefst betroffen.

Nach den Worten des 56jährigen Arbeiters habe ich bitterlich geweint, und auch jetzt, da ich diese Zeilen schreibe, kommen mir die Tränen. Ich schreibe dies in höchster Erregung.

Ist das Neue *so* gewollt? Auch wenn Sie, Herr Professor Masur, verbindliche und glättende Worte angeschlossen haben ... Ausgesprochen ist ausgesprochen – zum Teil unter tosendem Beifall.

Ich muß sagen, daß Beiträge dieser Art mich nicht nur in höchstem Maße erregen; sie verursachen mir körperliche Schmerzen. Gibt es denn überhaupt eine Aussicht, jemals ein friedliches Miteinander im Lande zu erreichen, wenn man alles, was bisher SED war – und noch ist –, symbolisch schon niedermetzelt? Bei allen Fehlern und nicht genügend durchdachten Taten, die uns in diese Situation gebracht haben, darf man doch nicht vergessen, daß viele tausend Arbeiter, echte Arbeiter!, und auch Funktionäre, die der SED angehören, hervorragend gearbeitet haben.

Um die Aufgaben zu erfüllen, haben Menschen ihre Gesundheit strapaziert, sind in vielen, vielen Stunden ihrer Freizeit aktiv gewesen – und nicht nur in Sitzungen! –, während so mancher Bürger schon vorm Fernseher ruhte bzw. in seinem ganz persönlichen Reich waltete. Wenn die Diskussionsredner ihren Namen und ihren Beruf nennen, sagt das noch nichts darüber aus, wie denn ihre eigne Leistung war und ist. Es ist ja auch leichter, von anderen Selbstkritik und Selbsterniedrigung zu fordern. Aus welchen Rattenlöchern kommt denn jetzt so mancher? Wo waren denn seine Unterstützung, seine Solidarität mit vielleicht nur einem Genossen im Kollektiv? Plötzlich sind alle schlau, und alle haben alles gewußt. Wo war denn ihr Mut zur Wahrheit vorher? Es kann mir keiner erzählen, daß es nirgendwo die Gelegenheit gab, auch ehrlich zu sein, offen seine Meinung zu sagen. Jetzt heißt es – na, wenn man so etwas gesagt hätte ...

Ich habe im Dezember 1988 die Bezirksparteischule Leipzig beendet (zwei Jahre Fernstudium). Dort hatten wir schon offenen Dialog. Keiner wurde von der Schulbank weg verhaftet. Sicher aber waren die Gesprächspartner von unterschiedlicher Qualität und unterschiedlichem Einfühlungsvermögen.

Warum bin ich so erschüttert: In meiner Familie (wir sind mit Vater, Mutter, Geschwistern, Schwägerinnen, Kindern usw. sechzehn Personen) sind sieben Mitglieder der SED, und keiner muß sich seiner Existenz schämen. Jeder einzelne davon hat freiwillig den Weg zu dieser Partei gefunden – aus der Überzeugung heraus, daß das Ziel ein gutes ist, ein Ziel zum Wohle aller. Jeder von uns arbeitet Tag für Tag ehrlich an seinem Arbeitsplatz – keiner sitzt irgendwelche Zeit ab, und jeder ist bemüht, darüber hinaus auch noch irgendwie wirksam zu werden.

Dies unsere Familie – und ich könnte die Reihe fortsetzen mit Genossen aus der Nachbarschaft, aus dem Kollegenkreis. Keiner sah die Parteizugehörigkeit als Aufstiegsmittel; für alle brachte sie nur die Forderung nach hohem persönlichen Einsatz. Wir müssen unsere Spiegel nicht weghängen, keiner von uns hakt Funktionen nur ab – und so verhalten sich Tausende!

Fehler kann man bei ihrem Erkennen nicht tolerieren – doch den Verursacher auf offener Szene abzustechen ist keine Lösung für die Zukunft. Für wen halten sich denn einige Schlaumeier von heute?

Glaubt man denn allen Ernstes, daß bei einem totalen Führungswechsel aus unserem Land ein rosarotes Schlaraffenland würde? Ist denn das Steinigen des »Schuldigen« (des einzig Schuldigen?) im Moment die wichtigste Aufgabe? Hat der Genosse Krenz mit seinem Sich-Wenden an alle und der Forderung nach Arbeit so unrecht? Die SED sehe ich jedenfalls immer noch als die Partei der Arbeiter an – und auch noch als die zahlenmäßig stärkste Partei. Die Genossen brauchen die Chance zur Wende, zum neuen Kurs, der vielleicht einer der Wege in unserer noch fast jugendlichen Gesellschaftsordnung ist.

Diese Zeilen mußten aus mir heraus – ich werde nichts ändern und sie auch mit der ziemlich schusseligen Handschrift abschicken.

Mein Name ist Hanna S., ich bin Fachschulabsolvent und seit 1976 Mitglied der SED. Sicher begreife ich nicht alles umfassend, vielleicht bin in manchen Dingen auch als Minidorf-Bewohner etwas bescheidener oder sogar naiver (?) als einige andere Leute. Aber ich wohne mit meiner Familie – dazu gehören zwei von mir über alles geliebte Kinder – in unserem schönen kleinen Land DDR. Wir lieben jede Blume, jeden Baum, jeden Stein und vor allem jeden Menschen.

Macht nichts überstürzt kaputt! Die Hände gehören ineinander und nicht zur Faust geballt und gegeneinander erhoben.

Trotz aller Höhen und Tiefen und zum Teil auch Armut hatte ich eine glückliche Kindheit, eine schöne Jugendzeit, und ich fühlte mich trotz viel Verantwortung und Arbeit bisher recht wohl. Meine Kinder sollen auch einmal so zurückblicken können und die Tränen der Mutter von heute nicht weitertragen müssen.

P. S. Freizeit ist bei uns: mal ausbaumeln, mal nichts tun, mit den Kindern »blödeln« und spinnen, auf der Wiese liegen und die Wolken bewundern, mit Freunden ausquatschen, Theater besuchen oder im Gewandhaus ein Orgelkonzert genießen ...

13. November 1989 *Hanna S., Zwochau b. Wurzen*

Im Moment herrscht große Euphorie, die ich nicht teilen kann, denn der 9. November 1989 bringt unübersehbare Probleme mit sich. Und dann die Vergangenheitsbewältigung. Was kommt beim Tauen der Spitze des Eisbergs schon hoch, welche Ungeheuerlichkeiten werden wir noch erfahren?!

16. November 1989 *Barbara D., Schauspielerin, Berlin*

Jeder Tag bringt neue Eindrücke, Informationen; Unglaubliches ist geschehen. Die vielen Tränen der Freude wiegen einen Teil der Tränen der Trauer wieder auf, die wohl in fast allen Familien geflossen sind, die von der Zerrissenheit und Teilung unseres Landes betroffen waren und sind. Eine neue Generation ist da, die hoffentlich wachsam, kraftvoll und klug die ungeheure Chance nutzen wird, die die jüngste Geschichte bietet. Es ist ein großes Gefühl, zu spüren, wie sehr man mit dieser Geschichte verwoben ist. Wie tief es einen geprägt hat, wie man darüber alt geworden ist. Jahrzehnte!

Mit voller Wucht schlägt der Schmerz um die Toten zu, die in den vergangenen Jahren allein in meiner Familie ohne die Tränen der Freude, der Hoffnung, der Befreiung von uns gegangen sind. Dies sind tiefe Wunden.

Doch warum schicke ich diese Zeilen – aus Dankbarkeit und liebevoller Zuneigung, daß Sie da waren, zur richtigen Zeit, und sich mit der ganzen Macht Ihrer Persönlichkeit – des Menschen Kurt Masur – eingesetzt haben. Sicher war dies auch eine ganz persönliche Befreiung, doch nur wenige Menschen schaffen diesen Schritt.

Ein gütiges Schicksal behüte Sie und Ihre Familie! Möge die Musik – die Kraft kostet – neue Kräfte geben. Sie, lieber Kurt Masur, sind das Stück Heimat, das in dem großen Scherbenhaufen unversehrt geblieben ist.

16. November 1989 *Konstanze B.-Z., Aachen*

Ich war in den 40 Jahren DDR immer eine unbequeme Bürgerin und habe mich oft gegen die Willkür des Staates zur Wehr gesetzt – so habe ich 1953 und 1955 gegen die gesetzlichen Bestimmungen für zwei meiner Töchter den Besuch der Oberschule erzwungen. Als Rentnerin bin ich seit mehreren Jahren schon gegen Mißstände in unserem Stadtteil zu Felde gezogen und habe mich als erster »Grauer Panther« in der DDR bezeichnet.

Jetzt ist endlich das Volk, in Leipzig beginnend, aufgestanden und setzt sich zur Wehr. Ich bin ein bißchen traurig, daß ich nicht jung bin, um mit auf die Straße zu gehen – im Geiste bin ich dabei.

Ich wünsche Ihnen, daß Sie recht viele Mitstreiter Ihres Formates und mit Ihrer Zivilcourage finden, damit das Volk der DDR endlich frei wird.

20. November 1989 *Edith F., Berlin*

Mit diesen Zeilen wende ich mich heute vertrauensvoll an Sie.

In den letzten Wochen ist so vieles in Bewegung gebracht worden. Auch Sie haben einen großen Teil dazu beigetragen. Vieles ist an die Öffentlichkeit gedrungen – wo man nur sagen muß: »Es ist eine Schande!« In einem Staat über drei Jahrzehnte in Schichten, ja fast acht Jahre rund um die Uhr gearbeitet zu haben – in der Hoffnung, einen Beitrag zu leisten zum Wohle der Bürger in der DDR –, erfährt man nun, wie die leitenden Funktionäre der Regierung das in sie gesetzte Vertrauen der Bürger mißbrauchten! Wie oft hörte man die Worte: Menschenrechte und Würde. Und wie sah die Wirklichkeit aus? Vor zwei Wochen wurde die Bezirkstagssitzung über Sender Leipzig übertragen. So manches war da zu hören. Während dieser Sitzung meldete sich auch eine junge Frau

Wort. Sie schilderte, da es auch ihren Mann betrifft, wie die Menschen be- oder besser gesagt mißhandelt werden, die den »Ehrendienst« mit der Waffe abgelehnt haben und als Bausoldaten tätig sein müssen. Da hat eine Genosse Abgeordneter dazwischengebrüllt: »Das ist Lüge! Das ist Lüge!!!« – Und er verlangte eine Gegenüberstellung.

Auch aus dem abschließenden Vortrag des Generalstaatsanwaltes in der Volkskammer konnte man vernehmen, daß es bei den »Zuführungen« um den 7. November nicht so »menschenwürdig« zugegangen ist.

Ich schäme mich für so manche Realität in unserem Lande! Die SED muß tiefgründig untersuchen, warum so viel Vertrauen verlorengegangen ist. Werter Herr Masur, jetzt komme ich nun mit einer Bitte an Sie. Würden Sie, da Ihnen doch die führenden Leute des Bezirkstages Leipzig bestens bekannt sind, in meinem Namen vorsprechen – in bezug auf die von der jungen Frau dargestellten, menschenunwürdigen Behandlungsmethoden? Lieber Herr Masur, mein Gewissen stellt mir die Frage: »Schweigen – oder sich um eine Veränderung bemühen?«

Ich bin dafür, eine »Klarstellung« dieser Angelegenheit von dem Vorsitzenden des Bezirkstages mit den Verantwortlichen dieser Einheit zu erwirken – und mir innerhalb der nächsten zwei Wochen eine wahrheitsgetreue Erklärung zu übermitteln, was sich in der Einheit dieser Bausoldaten getan und verändert hat inzwischen. Danke!

Anmerkung: Wir können nur hoffen und wünschen, daß die Baueinheiten und viele andere inzwischen aufgelöst – und im »Pflegenotstand« bzw. in Brennpunkten der Industrie und Wirtschaft eingesetzt sind, wo es bitter notwendig angebracht wäre!!!

21. November 1989 *Walter V., Klingenthal*

Seit vielen Jahren sehe ich in Ihnen die Verkörperung des kulturvollen Deutschen, der sich in bester Tradition, durch eigene Leistung legitimiert, befindet. Unvergeßlich, mit symbolischem Charakter, bleibt mir in Erinnerung Ihr Fußabdruck im Gewandhaus. Das war für mich Ausdruck des Aufbruchs in eine bessere, kulturvolle, menschliche Welt.

Jetzt stehen Sie wieder an einem solchen Punkt, aber mit nationaler und politischer Dimension. Ich wünsche Ihnen Kraft, diese vom Volk geforderte Aufgabe zu bewältigen! Ich setze in Sie die Erwartung, das

Vertrauen, maßgeblichen Beitrag für die Erhaltung der Menschenwürde, des Friedens, ja des wahren Sozialismus zu leisten. Ich stehe zu Ihnen.

21. November 1989 *Hartmut O., Jena*

[Im Verlauf des Baus des Neuen Gewandhauses setzte Kurt Masur genau an der Stelle, wo später das Dirigentenpodium seinen Platz fand, die Füße in einen mit weichem Beton gefüllten Rahmen. Dieser Abdruck befindet sich seit der Eröffnung des Hauses im Kellergeschoß.]

Ich bin 22 Jahre alt und derzeit Student im ersten Studienjahr an der TU Dresden.

Der Grund, warum ich Ihnen schreibe, ist ein für mich sehr trauriger. Mit großen Hoffnungen und auch großen Erwartungen fuhr ich am vergangenen Montag nach Leipzig, um an der dort stattfindenden Demonstration teilzunehmen. Wir alle haben diesen Demonstrationen sehr viel zu verdanken, waren sie doch der Ausgangspunkt vieler Veränderungen in unserem Land. Daß auch Sie daran entscheidenden Anteil haben, kann niemand bestreiten, und ich möchte mich an dieser Stelle dafür recht herzlich bei Ihnen bedanken.

Genau wie viele andere Menschen bin ich der Meinung, daß wir immer wieder auf die Straße gehen sollten, um der Regierung zu zeigen, daß wir noch lange nicht fertig sind mit unseren Forderungen, daß es das Volk ist, welches über Sozialismus und Zukunft in unserem Land zu entscheiden hat. Unter diesen Vorzeichen also stand meine Teilnahme an der Demonstration vom 20. November 1989.

Wie groß aber war meine Enttäuschung am Ende des Meetings! Ich war erschüttert über die Intoleranz, über die Inkonsequenz meines Volkes. Hat uns denn die neue Reisefreiheit so geblendet? Wie können denn so erschreckend viele Menschen (der Lautstärke nach waren es bestimmt einige Tausende) »Deutschland einig Vaterland« rufen, wo sie doch alle vorher nie den Kapitalismus wollten?

Wie kann man denn einem Menschen zujubeln, der dazu aufruft, jetzt andere für uns arbeiten zu lassen, damit wir erst mal die Vorzüge des Kapitalismus genießen können?

Wie können denn so viele Menschen einem Sensationsredner zujubeln, der mit aller Macht Lügen verbreiten will, obwohl gleichtags die Wahrheit in der Zeitung steht? (Es geht mir hier speziell um die Operation an Egon Krenz.)

Und wie können denn so viele vernünftige Menschen einen nachfolgenden Redner auspfeifen, dessen Vater die Operation an Egon Krenz in der Berliner Charité selbst ausgeführt hat und der diese Lüge richtigstellen will?

Sie werden bitte entschuldigen, wenn ich jetzt zu sehr ins Detail gehe, aber das alles sind kleine Mosaiksteinchen eines Bildes, welches ich bis heute noch nicht zu erkennen vermag. Außerdem vergaß ich zu erwähnen, daß ich Mitglied der SED bin. An diese Tatsache anknüpfend, möchte ich Sie weiterhin fragen, warum so viele Menschen eine junge Rednerin aus der SED nicht zu Wort kommen lassen, indem sie sie auspfeifen, wo doch demokratische Meinungsfreiheit eine unserer Hauptforderungen ist?

Auch dem Willen nach Gewaltlosigkeit konnte ich keinen richtigen Glauben mehr schenken, als der Demonstrationszug wie immer am Gebäude der Staatssicherheit vorbeiführte und dort für mich sehr erschreckende Rufe laut wurden.

Haben wir denn gar nichts verstanden? Diese Frage drängte sich mir immer mehr auf, schlimmer noch, ich konnte sie nicht beantworten.

Da ich weiß, daß Sie, Herr Professor, überall sehr viel Achtung genießen und Popularität besitzen, möchte ich Sie dringend darum bitten, von ihrer wertvollen Autorität Gebrauch zu machen und nochmals an die Menschen zu appellieren, Toleranz und Sachlichkeit bei der Durchsetzung unserer Forderungen sowie in all unserem Denken und Handeln absolut in den Vordergrund zu stellen.

Es steht uns gar nicht gut zu Gesicht, wenn wir uns so verkaufen würden, wie es manche unserer Mitbürger in beschämender Art und Weise in der BRD tun.

Wir dürfen die Demonstrationen, unser wertvollstes Druckmittel, nicht zu bedeutungslosen Volksfesten werden lassen!!!

22. November 1989 *Thorsten R., Dresden*

Es ist mir ein sehr großes Bedürfnis, Ihnen Dank zu sagen für das, was Sie für alle Leipziger Bürger getan haben. Als 81jährige Bürgerin empfinde ich dieses besonders. In meinem bisherigen Leben habe ich leider vieles erlebt, Kriege, Unruhen usw.

Und nun wollte ein Mann, der immer nur vom Frieden sprach, ein Blutbad anrichten. Daß es nicht dazu kam, verdanken wir Ihnen, Herr Professor.

Es wird sich wohl was tun in unserer Stadt, hoffentlich bleiben Sie nicht zu lange fern, denn Ihr Rat wird gebraucht. Ihre Einstellung im Gewandhaus bei »big« zu den Leipziger Straßenmusikanten machte auf mich schon damals großen Eindruck.

22. November 1989 *Sophie W., Leipzig*

Darf ich Ihnen, nachdem ich Ihre Worte in der FAZ vom Dienstag, 21. Oktober, gelesen habe, stellvertretend für alle bei diesem großen Aufbruch in der DDR engagierten Menschen schreiben? – Ich wünschte mir sehr, persönliche Freunde oder Verwandte »drüben« zu haben, denen ich jetzt einfach schreiben könnte. Ich habe sie nicht; darum bitte ich Sie um Verständnis, wenn meine Worte an Sie persönlicher klingen, als es einer Fremden normalerweise zusteht. Aber das, was bei Ihnen jetzt geschieht, ist ja so weit von »normal« entfernt.

Bitte sagen Sie denjenigen, die mit Ihnen dieses Neue erlebt und gewaltlos errungen haben, mit welch brennendem und dankbarem Herzen ich ihnen verbunden bin. Ihre Friedensgebete waren und sind meine Gebete – wohl wissend, wie anders die Dringlichkeit »vor Ort« und in der Gefahr ist als hier in unseren relativ gesicherten Positionen. Aber mein Dank kommt auch gerade daher: Ihr habt mir – ich glaube, ich darf sagen: uns – Mut gemacht, daß neues Leben, ein neuer Aufbruch, ein Durchbruch durch die »Mauern« auch bei uns möglich ist.

Unsere ganzen »Werte-Diskussionen« zeigen, wie sehr sie »Papier« sind, angesichts Ihrer Aussage, »wir haben zum Wort zurückgefunden, und nun gehen wir wieder aufrecht«. Die Wirkung der Künstler und Künste im politischen Geschehen – plötzlich stimmt das wieder.

Gebe Gott, daß auch in Prag und in anderen Ostblockländern solche Wege möglich werden. Und gebe Gott, daß wir hier im Westen wieder aufwachen (ein bißchen ist das wohl schon geschehen) und wieder »zum Wort« finden und zum verantwortlichen Handeln.

Bei Ihnen dort wird auch jetzt, vielleicht jetzt erst recht, noch viel zu tun sein. Bitte geben Sie nicht auf.

22. November 1989 *Hessturg K., Ordensschwester, Kalt-Steinfeld*

Heute muß ich Ihnen einfach schreiben! Schon lange stehen Sie in meiner größten Wertschätzung als großer Dirigent – doch nun haben Sie die Menschen nicht nur mit Ihrer/unserer Musik glücklich gemacht; Sie haben durch Ihr politisch ebenso mutiges wie besonnenes Engagement Menschen vor dem Blutvergießen bewahrt und diesen Menschen den direkten Weg in die Freiheit ermöglicht!

Mein Gott, kann es ein größeres Lebenswerk geben?!

23. November 1989 *Elisabeth K., Ellwangen*

Ich schreibe an Sie, weil ich Vertrauen zu Ihnen habe. Ich bin sechzig Jahre alt, habe nur in der DDR gelebt. Mit siebzehn Jahren wurde ich vom KGB 1946 verhaftet und zu zwanzig Jahren Arbeitslager nach Sibirien (Workuta) verbannt. 1955, nach fast neun Jahren, kehrte ich zurück. Ich bin seit 1983 Invaliden-Rentner: für die Jahre in der Sowjetunion bekomme ich keine Rente.

Meine Rente beträgt 370,– Mark. 1957 hatte ich einen Betriebsunfall, bekam bis 1983 131,– Mark Unfallteilrente, und bei meiner Invalidenrente wurde die Unfallrente um 50 Prozent gekürzt.

Nun frage ich Sie: kann man mit 435,– Mark leben? Ich kann mir keine Schuhe für 150,– Mark kaufen, vom Anzug oder Anorak ganz zu schweigen. Wenn ich nicht zu alt wäre, würde ich sofort ausreisen.

Ich wohne in Grünau *[Neubau-Stadtteil von Leipzig mit 100 000 Einwohnern]* seit 1983, und ich habe in den Kaufhallen noch nie Rouladen oder Kaßler gesehen; in diesem Jahr keinen Pfirsich, keine Aprikose, keine Weintraube – ist das noch normal?

Ich war Busfahrer bei den Leipziger Verkehrsbetrieben und hatte vor Jahren eine Sonderfahrt für die SED-Bezirksleitung in der Karl-Liebknecht-Straße. Wir hatten noch Zeit und wollten mal in die Betriebsverkaufsstelle der SED, wurden aber wie Hunde am Schlagbaum abgewiesen; dort hätten wir nichts zu suchen!

Ich habe jetzt eine Frage an Sie: Was für Rente bekommen unsere Leute von Politbüro? Ich fordere freie Wahlen mit allen Parteien, und als letztes Dringendes eine Volksabstimmung für ein vereintes Deutschland.

Mir kommen die Tränen, wenn ich das höre: 23 000 am Sonntag, 10 000 am Montag geflüchtet. Macht ein vereintes Deutschland, eine Währung – die BRD würde Betriebe bei uns bauen, es ginge uns gut, und es würde keiner mehr ausreisen.

23. November 1989 *Waldemar B., Leipzig*

Ich möchte Ihnen und Ihren »Leipzigern« meine größte Hochachtung aussprechen. Sie zeigen alle so viel Zivilcourage, daß ich mich als »Berliner« etwas schäme. Wir lernen von Euch und stehen an Eurer Seite.

25. November 1989 *Bernd S., Berlin*

Am 8. Oktober 1989, in der geschichtsträchtigsten Zeit, bin ich sechzig geworden, und rückblickend muß ich sagen, gehöre ich zur Trümmergeneration. Geboren 1929 – in der Schule Kurzstunden – Fliegeralarm Tag und Nacht – dann Kriegsende – meine Heimatstadt Dresden ein Trümmerfeld, ebenso das »1000jährige Reich«! Nachkriegszeit – Hunger – 1949 Gründung der DDR! Wir fingen bei Null an – doch *weggelaufen sind wir nicht,* obwohl man im anderen Teil Deutschlands schon wieder ganz gut leben konnte.

In den vergangenen vierzig Jahren waren wir auch nicht auf Rosen gebettet – wir haben gearbeitet und uns etwas angeschafft. Wenn unser Geld auch heute nicht *den* Stellenwert hat wie in der BRD, so ist es doch ebenso ehrlich und schwer verdient worden, und ich glaube, es hat jetzt kein Mensch das Recht, über uns mitleidig zu lächeln – uns wieder zu bevormunden und alles aus der Hand zu schlagen.

Trotzdem bleibt die große Enttäuschung über unsere Obrigkeit und unterm Strich die Frage über unser Leben: »Soll das schon alles gewesen sein?« Aufgeben? Nein!!

Am 1. Advent bilden wir eine Lichterkette von Ost nach West und von

Nord nach Süd – quer durch die DDR. Wollen wir hoffen, daß sie bald Europa, ja, die ganze Welt umspannt und Friede auf Erden ist, für alle, die guten Willens sind.

25. November 1989 *Renate A., Leipzig*

Die auch dank Ihres mutigen Auftretens unblutige Revolution in unserem Lande und die damit ausgelöste beginnende Erneuerung ebenso wie die jüngsten Ereignisse in unserem tschechoslowakischen Nachbarland machen nach unserer Meinung mindestens Gesten der Wiedergutmachung gegenüber den Völkern der ČSSR immer dringlicher.

Wir waren schon 1968 entrüstet und beschämt, mußten aber machtlos zusehen, als Verbände der Nationalen Volksarmee in unser Nachbarland einmarschierten und damit zum zweiten Mal innerhalb einer Generation deutsche Truppen das Völkerrecht mißachteten und statt Freundschaft zwischen benachbarten und durch die Geschichte vielfältig verbundenen Völkern militärische Gewalt einsetzten.

Als Protest gegen den Einmarsch von Truppen der DDR in sein Heimatland und die Niederschlagung des Prager Frühlings hat der damalige bei vielen Leipziger Konzertbesuchern beliebte Gewandhauskapellmeister Vacláv Neumann seinen Taktstock in Leipzig niedergelegt und ist in seine Heimat zurückgekehrt. Soweit uns bekannt ist, hat er sich auch in diesen Tagen solidarisch mit den Bürgern seines Landes erklärt, die, wie wir, für eine echte Erneuerung ihres Staates eintreten.

Als Zeichen der Verbundenheit mit den Völkern unseres tschechoslowakischen Nachbarlandes und als Geste der Entschuldigung für an ihnen begangenes Unrecht schlagen wir unterzeichneten Mitarbeiter des Kombinatsbetriebes Produktionsvorbereitung des VEB Baukombinat Leipzig Ihnen vor, den damaligen Gewandhauskapellmeister Vaclác Neumann als Ehrendirigenten zu einem Sonderkonzert unseres Gewandhausorchesters einzuladen. Dabei wäre es denkbar und zu prüfen, die Einnahmen dieses Konzertes dem tschechoslowakischen Volk zur Unterstützung geschädigter oder kranker Bürger zur Verfügung zu stellen.

27. November 1989 *44 Mitarbeiter des Kombinatsbetriebs Produktionsvorbereitung des VEB Baukombinat Leipzig*

In Beurteilung der Zeitereignisse der letzten Wochen habe ich die unumstößliche Erkenntnis gewonnen, daß Sie, verehrter Herr Professor, einen ganz entscheidenden Anteil an dem revolutionären Prozeß haben, für unser Land einen Sozialismus mit menschlichem Antlitz zu schaffen. Ihrem hohen Ansehen als Dirigent in aller Welt kommt dabei eine weitere entscheidende Bedeutung zu. Ihnen ist es, soweit ich das hier in meiner Heimat, dem Erzgebirge, beurteilen kann, vor allem mit zu verdanken, daß es zu Beginn des Aufstandes der Leipziger Bevölkerung zu keinem Blutvergießen kam.

Sie haben Räume für Foren zur Verfügung gestellt und unter vollem Einsatz Ihrer Person den Anfang der Erneuerung nicht nur unterstützt, sondern maßgebend mitgestaltet! Fassen Sie diese Worte bitte nicht als Phrasen auf, aber ich finde keine andere Ausdrucksmöglichkeit, meine aufrichtige Anerkennung und meinen Dank – zugleich im Namen vieler meiner Bekannten und Freunde – auszusprechen! Sie haben als Künstler und als Mensch gehandelt und so viel für uns alle getan. Ich bin seit fast zwei Jahren Altersrentner und singe fast vierzig Jahre in einem Chor hier in Marienberg mit. Für mich zählt die Neunte Sinfonie Beethovens unter Ihrer Leitung zu meinen unvergeßlichen musikalischen Erlebnissen.

27. November 1989 — *Werner S., Marienberg*

Am 12. November hatte ich Gelegenheit in Ihrem Gewandhaus sprechen zu können. Ich forderte Freiheit für unseren Sohn Alexander. Sie versprachen, schnell zu helfen. Bereits am 20. November wurde er aus dem Strafvollzug Cottbus entlassen. Dafür möchte ich auch im Namen meiner Familie herzlichen Dank sagen.

1. Dezember 1989 — *Hannelore F., Waltershausen*

Die ganze Welt weiß, daß Sie ein DDR-Rumänien verhindert haben. Deshalb gebührt Ihnen eigentlich der Name Ehrenbürger unseres Vaterlandes.

7. Dezember 1989 — *Karl-Ottomar T., Komponist, Leipzig*

Es muß wohl mindestens zehn Jahre her sein, daß ich Sie damals in der West-Berliner Philharmonie das Gewandhausorchester Leipzig dirigieren sehen und hören habe. Es hieß, daß dies das erste Mal sei, daß ein DDR-Dirigent mit einem DDR-Orchester in West-Berlin gastieren würde. Ich weiß nicht mehr, ob das stimmt. Ich weiß nur, daß es eines der herausragendsten Musikerlebnisse in Berlin für mich war. Ich kann mich erinnern, daß sich unaufgefordert das gesamte Publikum erhob, als Sie aufs Podium kamen, daß dies die feierlichste (und lärmärmste) Ovation war, die ich je in der Berliner Philharmonie mitverfolgt habe. Ich kann mich erinnern, wie ergriffen ich war von allem, von der Musik, von der »Begegnung« mit Ihnen und Ihrem Orchester, von der Einmaligkeit dieses Konzerts.

Ich bin 1986 weggegangen; seit 1971 hatte ich dort gelebt. Ich habe mir immer wieder gewünscht, den Zeitpunkt zu erleben, da man ohne bürokratische Hindernisse – nach Lust und Laune – nach Ost-Berlin und in die DDR reisen könnte. Ich wußte, daß das ein utopischer Wunsch war. Ich habe entfernte Verwandte und ein paar Freunde in der DDR, aber nicht diese engen Bindungen, die viele Berliner haben. Und trotzdem habe ich mich längst mit den Problemen und den Hoffnungen der Berliner identifiziert. Es war schon ein Frust, am Wochenende bei Spaziergängen oder Radeltouren stets an den schönsten Stellen im Wald an die Mauer, an den Stacheldraht zu stoßen, hinter dem die Hunde auf und ab liefen.

Und nun? Da sitzen wir am Südrand der Sahara – weit entfernt von Europa, von der BRD, von Berlin, von der DDR, aber immerhin für uns problemlos durch die Luft erreichbar. Viel weiter weg allerdings kommt mir die Kehrseite der ermutigenden Entwicklung in der DDR (und den Nachbarstaaten) vor, die Kehrseite, an der wir »anderen« Deutschen beteiligt sind: dieses Besserwissen, Reinreden, Empfehlen, Drohen, Bestimmen all dieser so »astreinen« Herren – meist sind es ja nun mal die Herren und nicht die Damen – (sind sie alle soviel astreiner als die Herren, die nun in der DDR »gestolpert« sind?) in Politik und Wirtschaft, aus der anderen Hälfte Deutschlands, aus den verbrüderten und verschwesterten Bündnisländern oder im ganz großen beschützenden Bruderland . . . Darauf bin ich nicht stolz . . .

Seit einigen Wochen wird auch hier in Niger in den Nachrichten und selbst in der klitzekleinen (sonst nur auf »nationale Interessen« ausgerichteten) Tageszeitung »Le Sahel« fast täglich über die Ereignisse in der DDR (und inzwischen auch der ČSSR) berichtet. Plötzlich fingen meine afrikanischen Nachbarn und Bekannten an, mich zu fragen, was es denn damit auf sich hätte ... mit diesem Widerstand ... mit dieser Grenze ... mit dieser Mauer ... mit diesem geteilten Volk. Plötzlich sollte ich Menschen, die nie außerhalb ihres Landes, meist nicht einmal weit weg von ihrer Stadt waren, die ganz andere, wesentlich existenziellere Probleme haben als »wir«, etwas von dem deutschen – geteilten! – Volk erzählen. Wenn internationale Nachrichten (in den nigrischen Medien) überhaupt und dann nur hintenan kamen, dann meist aus dem südlichen Afrika, aus Frankreich ... aber daß über Wochen hinweg über ein geteiltes Volk in Europa, mit dem man ja – außer regelmäßiger »Entwicklungshilfe«, Botschafteraustausch – nichts gemein hat, berichtet wird ... das war und ist schon etwas ganz aus der Reihe Fallendes! Und wem sollte man da in erster Linie auf die Schultern klopfen? Ich denke, in erster Linie den tapferen Leipzigern und all ihren Brüdern, Schwestern, Söhnen, Töchtern, Neffen, Nichten, Onkeln, Tanten etc., die sich anstecken lassen haben.

Und da bin ich nun am Schluß meines Briefes auch am Anstoß dazu angelangt: an der Rolle von Kurt Masur in diesem historischen Prozeß. Was auch immer nun noch (die Informationen darüber haben wir aus dem bei uns stets mit einer Woche Verspätung eintreffenden »Spiegel«) dementiert oder bestätigt wird, was ich da gelesen habe über Ihre Beteiligung, Ihr Eingreifen, das hat mir den Ansporn zu meinem Brief an Sie gegeben! Wäre es irgend ein anderer prominenter Künstler gewesen ... ich hätte wohl kaum das Bedürfnis verspürt zu schreiben. Ich freue mich, daß auch ein »Vollblutmusiker« sich nicht aus dem Alltag raushält. Ich mag diese hochstilisierten Halbgötter mit Taktstock nicht, die sich aus der Politik raushalten und trotzdem »Politik machen«, die wir ja nun in Berlin nicht selten als Gäste, aber auch als Daueranwesende hatten und von denen es noch viele gibt. Sie versetzen mich – bei aller Liebe zur Musik – noch immer in Wut. Gut, daß es solche Dirigenten – ob mit oder ohne Taktstock – gibt wie Sie!

8. Dezember 1989 *Christiane K.-S., Niamey (Niger)*

Ich arbeite als internistischer Oberarzt am Leipziger Diakonissenkrankenhaus. Ich war am 11. November im Gewandhaus bei der von Ihnen geleiteten Aussprache mit Mitarbeitern des Gesundheitswesens unseres Bezirkes anwesend. Ich darf Ihnen versichern, daß ich tief beeindruckt bin von Ihrer aus dem Herzen kommenden Motivation und dem Durchblick, mit dem sie in einer solch verzweifelten Lage, in der wir uns befinden, eine solche Diskussion leiten und lenken.

Die Tatsache, daß die desolat wirkenden Stadtväter um Ihre Hilfe nachsuchen müssen, beweist nur, daß Sie der *erste* Bürger der Stadt sind. Diese arme Stadt, in der ich 1939 geboren wurde und die meine Heimatstadt geblieben ist, kann sich glücklich schätzen, jetzt einen solchen Bürger wie Sie zur Verfügung zu haben!

9. Dezember 1989 *Dr. med. Karsten B., Leipzig*

Wie ich den Zeitungsberichten entnahm, sind Sie zum Ehrenbürger von Leipzig ernannt worden. Ich gratuliere Ihnen zu diesem Ihrem Charakter, Ihrem Können in der Musik und Ihrer mutigen Haltung angemessenen Auszeichnung!

Ich möchte Ihnen und den wenigen couragierten Männern danken, die am 9. Oktober 1989 die Ausführung des mir bekannt gewordenen Schießbefehls auf Demonstranten in Leipzig – wie auch immer – verhindert haben. Sie haben meinem einzigen Sohn so vielleicht das Leben erhalten, ihn vielleicht vor einer schweren Verletzung bewahrt.

Er absolviert zur Zeit in Leipzig sein fünftes und letztes Fernstudienjahr und hatte an diesem Montag den ersten Studientag im Oktober. Wie alle Fernstudenten wurde auch er angewiesen, sofort nach dem Unterricht unter möglicher Umgehung der Innenstadt die Unterkunft in Gohlis *[nördlich gelegener Stadtteil von Leipzig]* aufzusuchen und sich dort aufzuhalten. Gäbe es mehr als 12 000 Demonstranten, werde heute »draufgehalten«. Nun, junge Menschen nehmen das nicht allzu ernst. Doch jede Unterrichtsstunde begann mit diesem Hinweis.

Die Studenten gerieten – ohne ihr Zutun – auf dem Heimweg in die Demonstration hinein. Es gab weder für die, die sich fernhalten wollten, noch für die, die demonstrieren wollten, eine Alternative.

Ich erfuhr erst später davon. Meine Angst im nachhinein war trotzdem noch riesengroß! Obwohl ja der Tag friedlich – dank Ihres Mutes, Ihres Verantwortungsgefühls und des Gewichtes, daß Ihr Wort dank Ihrer internationalen Bedeutung hat – verlaufen war.

Mein Sohn, vieler Mütter Kinder wären aus der vorbereiteten Umzingelung nicht unbeschadet herausgekommen. Deshalb nochmals meinen ganz persönlichen Dank!

Ich möchte Ihnen die Ehrenbürgerschaft in meinem Herzen antragen. Und ich hoffe, sie gilt Ihnen ebenfalls nicht zu gering.

11. Dezember 1989 *Renate K., Schauspielerin, Rostock*

Ich verfolge die Vorgänge in der letzten Zeit sehr aufmerksam, geht es doch um unser Schicksal. Auch in den letzten vierzig Jahren war ich nie ein bequemer Bürger. Es gab vieles, mit dem ich nicht einverstanden war, aber bei dem ausgeklügelten Herrschaftssystem der SED hatte niemand die Möglichkeit, etwas dagegen zu tun, ohne sich und seine Familie zu gefährden. Die SED stützte sich auf die Angst der Bevölkerung vor Repressalien auf allen Gebieten wie Schule, Berufsleben und Familie. Die Bespitzelung durch die Stasi war grenzenlos! Ich habe es erlebt, daß junge Menschen kurz vor dem Abitur von der Schule flogen, weil sie einer »reaktionären« Organisation (Junge Gemeinde) angehörten. Die Möglichkeiten, dagegen anzugehen, waren gleich null, da jeder, der sich energisch dagegen stellte, damit rechnen mußte, unangenehme Konsequenzen zu erleiden. Die Unduldsamkeit gegen Andersdenkende war grenzenlos! Überall in der Schule, der Verwaltung, Wirtschaft, Sport usw. saßen und sitzen die Parteigänger der SED. Ihr Kennzeichen war meist nicht das Können, sondern das Parteibuch! Es ist dabei klar, daß rücksichtsloses Treten nach unten und Kriechen nach oben das gesamte Leben in der DDR bestimmten! Fast alle Positionen waren und sind mit Nullen besetzt, sonst wären wir nicht in diese miese Lage gekommen. Es ist unglaublich, was jetzt alles ans Tageslicht kommt! Die Funktionäre und Genossen hoffen, daß sie weiter so wirtschaften können, wenn sie die Spitze ablösen und durch andere Personen ersetzen! Mein Eindruck ist, daß diese Menschen glauben, mit Herrn Gysi einen Hoffnungsträger zu haben, der gewährleistet, daß alles beim alten bleibt! Sie hoffen, daß sie sich wieder hereinmogeln können. Unter diesen Umständen kann kein Vertrauen zur herrschenden Partei entstehen! Dieser Filz muß radikal von sauberen Kräften abgelöst werden! Nicht aus den Reihen der SED.

Die Montagsdemo droht durch diese Verhältnisse immer radikaler zu werden! Habe ich doch beobachtet, daß bestimmte Kräfte gezielt die »Wiedervereinigungsgegner« in Trupps in die Demo schicken, um zu stören. An der Nikolaikirche war ein Plakat: »Wiedervereinigungsgegner treffen sich am Mendebrunnen«. Ich kann den Menschen nicht verdenken, wenn sie sich dagegen wehren! Die Urheber sind allgemein bekannt! Seit vierzig Jahren ist das Schema gleich geblieben, daß Andersdenkende als Faschisten bezeichnet werden. Auch möchte ich mich gegen die Unterstellung von »Großdeutschen Träumereien« und schlimmerem wehren!

18. Dezember 1989 *Herbert F., Leipzig*

Mit Dankbarkeit erlebte ich das schweigende Gedenken mit Kerzen für die Opfer des Umbruches gestern abend.

Es war Zeit, daß derer gedacht wurde, von denen schon fast niemand mehr sprach. Sie boten im Sommer nach den Friedensgebeten in St. Nikolai friedfertig den ersten Widerstand, sie wurden geschlagen, weggeschleppt, verhaftet und wegen »Zusammenrottung« verurteilt. Durch die Empörung über diese Behandlung fanden sie Freunde, und der Kreis erweiterte sich zur großen Bewegung. Nun laufen Hunderttausende montags in der Demonstration, und Leipzig wird als »Heldenstadt« apostrophiert.

Nein, diese Ersten waren die Helden.

19. Dezember 1989 *Josepha B., Leipzig*

Als eine Ihnen unbekannte Mitbürgerin möchte ich Ihnen hiermit meinen herzlichen Dank aussprechen für Ihre aktive Einflußnahme auf die Ereignisse nach dem 7. Oktober 1989 in unserer Stadt. Durch Ihre Besonnenheit und den Einsatz Ihrer ganzen Persönlichkeit haben Sie verhindert, daß die Demonstrationen der vorwiegend Jugendlichen, zu denen auch mein Sohn gehörte, ein schreckliches Ende fanden. Ich verehre Sie als einen Lebensretter für viele jungen Menschen in Leipzig.

19. Dezember 1989 *Ursula S., Leipzig*

Warum wohl schicke ich Rentnerin Ihnen Grüße? Ihr selbstloser Einsatz am Montag, dem 9. Oktober, veranlaßt mich, Ihnen zu danken. Hätten Sie die Angst in den Augen meiner Tochter und Enkeltochter gesehen, was wohl nun der kommende Montag bringt? Sie erlebten die Vorabende im Stadtzentrum Leipzigs mit. Sie kannten diese Knüppelei und Roheit noch nicht. (Ich selbst, ja.)

Im Fernsehen verfolgte ich in meinem Dorf das Geschehen in der Stadt. Ihr Aufruf nahm mir die Unruhe und Sorge um meine Angehörigen. Ich bedanke mich als Mutter und Großmutter von ganzem Herzen für Ihre Großtat.

20. Dezember 1989 *Christa W., Großbothen*

Ich komme nicht umhin, zum Abschluß eines so ereignisreichen Jahres Ihnen für alles, was Sie für unsere Stadt, für unser Land und darüber hinaus getan haben, aufrichtig und ehrlich zu danken. Nicht nur auf dem musischen Gebiet, ganz besonders für den »Dialog am Karl-Marx-Platz«, die Verfassung der »Leipziger Postulate«, Ihre Worte der Vernunft, zur Gewaltlosigkeit haben bei vielen Werktätigen Hoffnung und Zuversicht geweckt. Leider besitzt unsere Stadt keinen Hans Modrow oder Berghofer, aber dafür einen »Ehrenbürger«!

20. Dezember 1989 *H. R., Leipzig*

Ein gemeinsames, wirtschaftlich starkes Deutschland kann und wird auch schr vicl für Europa, insbesondere Osteuropa, tun, das ist das deutsche Volk Europa schuldig. Lieber Professor, gerade Sie mit Ihrem Ansehen, Ihrer Ausstrahlung, Ihrer Kraft und auch Ihrer Autorität können in der DDR dazu beitragen, daß wir alle dieses Ziel auf friedvolle und gewaltfreie Art und Weise realisieren können.

25. Dezember 1989 *Beate Sch., Rheine*

Wir alle wissen, was wir für das kommende Jahrzehnt zu wünschen und zu fürchten haben angesichts unserer öffentlichen Zustände, in die Du Dich so aktiv und verdienstvoll eingemischt hat. Bitte tue das auch weiterhin, ich glaube, es ist jetzt so notwendig wie nie zuvor.

Es wird wohl mehr Mut und Autorität erfordern, jetzt zu Besonnenheit und Realismus zu mahnen, als vor zwei Monaten die Freiheit einzufordern. Immer mehr Leute ziehen sich von der Demo zurück, keiner möchte sich mehr auspfeifen lassen, und die Straße gehört zunehmend der Unvernunft und Pogromstimmung. Wenn Du es nicht schaffst??? – Ich gehe auch persönlich mit gemischten Gefühlen in das neue Jahr...

27. Dezember 1989 *Günter B., Generalmusikdirektor, Leipzig*

Herzlichste Glückwünsche anläßlich der Auszeichnung zum Ehrenbürger unserer Stadt!

Es macht uns froh und glücklich, daß Sie diese Anerkennung erhalten haben, denn nach den furchtbaren Ereignissen in Rumänien ist uns bewußt geworden, was Sie durch Ihr besonnenes, mutiges und überzeugendes Verhalten verhindert haben!

Ihre Haltung hat meiner Familie und mir sowie vielen meiner Kollegen Kraft und Zuversicht gegeben, denn wir tragen an der Last vergangener Jahre sicher mit am schwersten.

27. Dezember 1989 *Peter W., Leipzig*

Auch wir gehören zu den Demonstranten in Halle und setzen uns für die Ziele der Demokratie und Freiheit ein. Bei aller Begeisterung aber sehen wir auch die Gefahren der aufkommenden Möglichkeiten, daß bei den Demonstrationen eventuell Gewalt auftreten könnte. Um so mehr verfolgen wir Ihre Initiative und bewundern Ihr persönliches Fingerspitzengefühl, mit dem Sie im Oktober und im Dezember mit Ihren Vorschlägen jedesmal verstanden haben, die Demonstrationen in die Gewaltlosigkeit zu lenken.

Dafür möchten wir Ihnen, das ist uns ein echtes Herzensbedürfnis, vielen Dank sagen. Hoffentlich gelingt es Ihnen auch im Jahre 1990, die Gewalt von unseren Straßen fernzuhalten.

27. Dezember 1989 *Hans und Gertrud R., Halle*

Wir waren am 9. Oktober im Stadtzentrum und haben selbst die bedrohliche Situation erlebt. Sie haben an diesem Tage durch Ihre mutige Initiative die Stadt Leipzig und ihre Einwohner und darüber hinaus das ganze Land vor einer ähnlichen Katastrophe bewahrt, wie sie jetzt das rumänische Volk erleiden mußte. Dafür möchten wir Ihnen aufrichtig danken.

Ihrer Haltung zur deutschen Frage stimmen wir zu. Wir freuen uns darüber, daß Frankreichs Staatspräsident Ihnen, der Kirche und den Leipziger Demonstranten seine Reverenz erwiesen hat, und wir hoffen mit Ihnen, daß die folgenden Montagsdemonstrationen weiterhin friedlich und diszipliniert verlaufen mögen.

27. Dezember 1989 *Ingeborg und Wolfgang K., Leipzig*

Für Ihre Antwort und Ihre Fürsprache in Sachen unserer fristlosen Entlassung durch die damalige Kreisschulrätin bedanken wir uns hiermit.

Zeitgleich überschlugen sich die politischen Ereignisse, und nachdem wir wieder eingestellt wurden, schöpften wir daraus die Hoffnung, daß aus dem Willkür- ein Rechtsstaat entstehen könnte. Wir entschlossen uns nun im nachhinein, doch hierzubleiben. Ob es richtig war, wird die Zukunft zeigen. Sehr geehrter Herr Professor, für Ihr engagiertes Eintreten für die Menschenrechte und die Demokratisierung der Gesellschaft sprechen wir Ihnen unsere Hochachtung aus!

28. Dezember 1989 *Jörg und Renate R., Taucha b. Leipzig*

»Können Noten Schicksale haben?« Wortwechsel mit Professor Kurt Masur

Aufgezeichnet im Arbeitszimmer Kurt Masurs im Gewandhaus, gesendet am 28. Dezember 1989 im Südwestfunk und am 31. Dezember 1989 in der ARD im Anschluß an die Originalübertragung der Neunten Sinfonie von Ludwig van Beethoven aus dem Neuen Gewandhaus.

GERO VON BOEHM: Herr Masur, Sie werden Silvester wie jedes Jahr die Neunte Sinfonie von Beethoven dirigieren mit der »Ode an die Freude«. Wenn Sie dieses Konzert in diesem Jahr jemandem widmen könnten, wer wäre das?

KURT MASUR: Den Leipziger Bürgern, all denen, die so viel Mut hatten, um mit friedlichen Mitteln gegen drohende Aggression vorzugehen. Und es ist beglückend, in einer Stadt sein zu dürfen, in der die Bürger dieser Stadt beweisen können, daß sie politische Reife besitzen und menschlich hohe Qualitäten und eine Klugheit, die sie befähigt hat, die erste Revolution in der deutschen Geschichte, die bis jetzt unblutig verlaufen ist, zu initiieren.

GERO VON BOEHM: Werden Sie dieses Konzert in diesem Jahr anders dirigieren als sonst?

KURT MASUR: Ich dirigierte bereits nach dem 9. Oktober dieses Jahres anders, ohne daß ich es bewußt tat. Ich bin ein anderer Mensch geworden.

GERO VON BOEHM: Können Sie das näher beschreiben?

KURT MASUR: Es gibt Momente im Leben, bei denen man all das, was man versucht hat zu erwerben, nicht nur an Erfahrung, sondern auch an Mut, wo man gelernt hat, Angst zu überwinden, einsetzen kann. Dieser Moment war gekommen. Ich war weit davon entfernt, eine politische Aktivität zu entfalten, ich wollte einfach verhindern, daß vor unseren Augen, hier in Leipzig, etwas geschieht, wo ich mir dann mein Leben lang hätte Vorwürfe machen müssen, daß ich nicht versucht habe, einzugreifen. Und es war viel Emotionales in diesem Augenblick. Es war nicht die Überwindung meiner persönlichen Angst. Es war die Angst, etwas miterleben zu müssen, das einen im negativen Sinne prägte und zwingen könnte, ein Leben völlig neu zu beginnen, einer Situation zu entfliehen und sich dann von außen sagen zu müssen: Du hast nichts getan. Dieser Augenblick, nachdem es klar wurde, daß es zu einem friedlichen Ausgang kam, war eigentlich wie eine Wiedergeburt.

GERO VON BOEHM: Kann also Musik eine Wirkung haben, die über den Klang hinausgeht? Sie haben gesagt, Sie dirigieren tatsächlich anders seit dem 9. Oktober.

KURT MASUR: Ich glaube, wenn man Beethovens Neunte oder Brahms oder all die, die im humanistischen Sinne gedacht und komponiert haben, mit Bewußtsein ein ganzes Leben lang interpretiert und sie nicht nur benutzt, um sich als Künstler und seine Fähigkeiten zur Schau zu stellen, dann gibt es eine Vertrautheit mit den Werken, die so groß wird, daß man sie als die Äußerung der eigenen Empfindung und Überzeugung dirigiert. Und daß dann in solchen Augenblicken, in denen man bis an die Grenzen seiner Fähigkeiten und seiner menschlichen Kraft gefordert ist, man eine Interpretation neu überdenkt, ist klar, das ist ein künstlerischer Prozeß; auch ein professioneller Prozeß, würde ich in diesem Falle sagen. Aber das, was unbewußt dazukommt, kann man gar nicht steuern, das geschieht einfach.

GERO VON BOEHM: Kann man versuchen, das zu beschreiben?

KURT MASUR: Ich finde, daß Musik die Kunst ist, die deswegen so vieles auszusagen vermag, weil man es mit Worten nicht ausdrücken kann. Beschreiben – ja. Es gibt etwas in der Musik, das hat mit dem Geheimnis der Wiederholung zu tun, zum Beispiel die Form des Rondos, die Wiederholung des Hauptthemas oder eines Refrains im volkstümlichen Sinne. Es hat immer wieder etwas von einer Heimkehr an sich, ein Zurückkehren zu einem Ausgangspunkt, den man beim ersten Mal noch als schön empfinden mag, als überraschend, beim zweiten Mal schon als das Nachhausekommen, das Wiederentdecken einer Schönheit. Und ich glaube, daß es im Unterbewußtsein vieler Menschen eine ganze Reihe von Musikwerken gibt, die sie – ob bewußt oder unbewußt – identifizieren mit irgendeinem Vorgang ihres Lebens, der sie entweder besonders erschüttert hat oder besonders erregt hat, und deswegen gibt es, glaube ich, Musikstücke, die von jedem besonders geliebt werden. Es ist bei jedem eine andere Auswahl.

GERO VON BOEHM: Wenn man sagt, man kommt immer wieder nach Hause in der Musik, dann heißt das ja auch, daß man immer wieder ein großes Vertrauen schöpft, wenn man Musik hört.

KURT MASUR: Es gibt viele Menschen auf der Welt, die leben, ohne klassische Musik anzuhören, und es wäre Nonsens zu sagen, daß sie schlecht leben. Ich möchte zum Beispiel auf Länder verweisen wie Brasilien – mit einer Samba kann man alle menschlichen Gefühle ausdrücken, die es gibt. Aber ich würde doch sagen, daß die klassische Musik und die großen Werke in der Lage sind – wenn man gelernt hat, herauszuhören, wenn man gelernt hat, sie zu integrieren und sie aufzunehmen mit dem Geist und mit der Seele –, einem Menschen etwas geben zu können, das sogar seine Physis stärkt. Es gibt Menschen, die Musik so lieben, daß nur Musik in der Lage ist, ihnen über menschliches Leid hinwegzuhelfen, und vielleicht ist Beethovens Musik das beste Beispiel dafür. Ein Musiker, der taub ist und eine Zukunftsvision schreiben kann, die Neunte Sinfonie, die heute noch Zukunftsvision ist, der hat für die Ewigkeit geschrieben und hilft gleichzeitig – und das gibt er, glaube ich, auch unterschwellig jedem Menschen beim Hören seiner Musik mit – beim Überwinden von persönlichem Leid. Das ist ein Beispiel für einen Menschen, der das vermocht hat – den hätte man in einen Kerker sperren können, und sein Geist hätte noch dieselbe Weite gehabt, er hätte sich nicht eingesperrt gefühlt. Ich glaube, das ist schon fast im buddhistischen Sinne das Erreichen der Seligkeit.

GERO VON BOEHM: In Leipzig, wo nun diese Revolution begonnen hat, und man kann sagen, sie hat hier im Gewandhaus begonnen, kommen sehr viele Menschen und hören Musik, vielleicht ist das überhaupt das geistige, kulturelle Zentrum Leipzigs, ich wage das einmal zu behaupten. Würden Sie denn so weit gehen, wie wir vorhin gesagt haben – Musik kann Vertrauen geben –, daß die Musik, die hier im Gewandhaus gemacht wird, beigetragen hat zu dem, was wir seit dem 9. Oktober erleben?

KURT MASUR: Ich glaube, sehr. Jeder, der unser Orchester kennt und es liebt, kann mit dem Verstand feststellen, daß es ein sehr gutes Orchester ist, kann auch mit kritischem Verstand sagen, es gehört zu den besten Orchestern in der Welt. Für mich gehört es zu den wahrhaftesten und ehrlichsten Orchestern, weil das Orchester sich mit dem identifiziert, was es im Augenblick spielt. Und ich glaube, der Funke, der da überspringt, ist einfach eine menschliche Verbindung zum Zuhörer, wie sie vielen brillanten Orchestern gar nicht eigen ist. Das hat auch eine Hörergemeinde in Leipzig geschaffen, die uns vertraut hat.

Das, was wir heute an Verfall sehen, das reicht weit zurück. Es wurde zu wenig darauf geachtet, daß die historischen Stätten erhalten blieben. Es gab zu wenig Sorgfalt in diesem Bereich. In der Musik war es nicht viel anders. 1946, als ich hier in Leipzig begonnen habe zu studieren, wo wir gleichzeitig hungerten und studierten, da waren wir auch ausgehungert nach Musik. Für uns war das Hören des Gewandhausorchesters einfach wie eine Erleuchtung, wie eine Beglückung. Ich erinnere mich noch genau, wie ich als Student zum ersten Mal in die Thomaskirche kam und dort eine Kantate hören durfte – dieser Augenblick ist unvergeßlich und für mich immer wieder gegenwärtig. Als ich dann 1970 zurückkam und feststellte, wie vieles von der damaligen Liebe zur musikalischen Tradition der Stadt verlorengegangen war, habe ich natürlich mit aller Kraft begonnen, das wieder aufzubauen.

GERO VON BOEHM: Darf ich zitieren, was Sie damals gesagt haben, vor zwanzig Jahren, worum es geht, was Ihr Anspruch war – Sie haben das gleich sehr offen gesagt: Bewahren der großen Tradition des Orchesters und zugleich Belebung eines Kreislaufs im Musikleben der Stadt Leipzig, der alle Schichten der Bevölkerung erfaßt: »Nur wenn es uns gelingt, die noch nicht genügend am Musikleben der Stadt beteiligte Jugend und die Werktätigen mit einzugliedern, wird ein sich immer von selbst erneuernder Prozeß entstehen. Wir müssen die Erlebnisfähigkeit für sinfonische Musik von Generation zu Generation weitertragen.« Und wenn man das Wort »Musik« nun jeweils durch »Demokratie« ersetzt, dann ist man ganz plötzlich in der Gegenwart. Denn das ist Ihr Anspruch heute wieder: die Erlebnisfähigkeit für Demokratie.

KURT MASUR: Das ist schön, wie Sie das sehen, ich habe darüber noch gar nicht nachgedacht. Ich darf nur eines sagen: Im weitesten Sinne des Wortes war Bach in ähnlicher Weise am Musikleben der Stadt aufbauend beteiligt, nur hatte er damals nicht soviel Mittel in der Hand, um das mehr durchsetzen zu können. Bei Mendelssohn war es schon viel stärker, und er hat in ähnlicher Weise agiert. Ich möchte sagen, Mendelssohn ist unser Vorbild geblieben, weil sein Konzept schon damals das gleiche war. Wir achten heute noch im Gewandhausorchester, daß er 1843 das Konservatorium gegründet hat, in dem die Musiker des Gewandhausorchesters unterrichten, und 85 Prozent der Musiker kommen aus unserem eigenen geschulten Nachwuchs; das ist eine Familie geblieben. Solch ein Weitergeben der Traditionen hätten Dirigenten allein gar nicht machen können, weil es hier wirklich den einzelnen Musiker betrifft, der das Bewahrte weitergeben kann an die folgende Generation; ein Dirigent kann es pflegen, aber er kann es nicht im einzelnen steuern. Hier ist, glaube ich doch, ein Ineinandergreifen jenes Vertrauens – die Menschen in Leipzig haben gespürt, daß wir versucht haben, die Kinder musisch weiterzubilden durch unsere Schulkonzerte. Sie haben gemerkt, wieviel Sorgfalt wir unserem Kinderchor zugewandt haben, der 120 Mitglieder umfaßt und jetzt eine Leistungsfähigkeit hat, daß ich mit ihm in Salzburg und in Paris die Matthäuspassion aufführen kann. Das sind Kinder, die aus normalen Schulen kommen, natürlich ausgewählte Kinder. Aber hinsichtlich der Bezogenheit zur Musik ist eine sehr große Streuung in die Familien, in die ganze Bevölkerung der Stadt Leipzig gegeben, und ich glaube, da haben Sie recht, daß in diesem Sinne das Vertrauen und die Demokratisierung des Musiklebens wirklich um sich gegriffen haben.

GERO VON BOEHM: Ist das Gewandhausorchester in diesen zwanzig Jahren, die jetzt hinter Ihnen liegen, eine »Insel« im Sozialismus gewesen?

KURT MASUR: Man hat es sehr oft so bezeichnet. Wir haben uns selbst nicht so gesehen. Ich habe es immer, als Gegenformulierung, so gesagt, daß ich meinte, wir sind »angewandter Sozialismus«. Wir haben uns durchgesetzt gegen Schlendrian, wir haben uns durchgesetzt gegenüber falschen Meinungen oder nicht-kompetenten Meinungen in unserem Bereich. Das Resultat sehen Sie einfach an diesem Haus, weil die Bauarbeiter und all die, die in der zurückliegenden Zeit schwierige Aufgaben gestellt bekommen haben, mit Begeisterung diese Aufgaben gelöst haben. Wenn ihnen echte schöpferische Aufgaben gestellt wurden, bewiesen sie einfach, daß sie sie lösen können! Und das, was uns getötet hat, waren eben jene unschöpferischen Aufgaben.

GERO VON BOEHM: Ist Sozialismus nur im kleinen möglich? Sie sagen, Gewandhausorchester ist angewandter Sozialismus. Ist dieser vielleicht geeignet für die Organisation eines solchen Hauses, aber vielleicht nicht für die Organisation eines Staates?

KURT MASUR: Wissen Sie, ich glaube, daß dieses Orchester, welches durch viele Zeiten verschiedener politischer Richtungen hindurchgegangen ist, sich erhalten hat durch jene Kraft, die die Musik verleiht. Die Musik, die in der Lage ist – und nun bin ich ganz vermessen –, wie eine Art Religion einem Menschen eine Richtung zu geben, hat es auch vermocht, eine Festigkeit im Handeln zu geben. Musik ist schon in der Lage, eine Art Familie, eine Gemeinsamkeit zu bilden. Inwieweit der Sozialismus machbar ist, weiß ich nicht. Ich weiß nur, daß sich politische Ideen schwer halten können, wenn zu viele widerstreitende Interessen aufeinanderprallen, und ich meine, wir brauchten gar keine Politik, wenn wir alle Engel wären. Selbst das Christentum hat nicht vermocht, alle Menschen zu erfassen. Aber es ist immerhin nachweisbar, daß es als politische Macht, als die man das Christentum durchaus bezeichnen kann, sich am längsten bewährt und diese politische Macht bis heute durch ihre Beziehung zum Menschen, durch ihre Hilfsbereitschaft, durch ihre Beziehung zum Humanismus schlechthin all denen, die glauben, auch eine Festigkeit verliehen hat. Sozialismus wäre abhängig vom guten Willen aller Menschen, die darin leben wollen.
GERO VON BOEHM: Der Sozialismus geht im Gegensatz zum Christentum eben davon aus, daß es möglich ist, alle Menschen zu Engeln zu machen, und das ist vielleicht die falsche Utopie, nicht wahr?
KURT MASUR: Ich glaube, daß das die richtige Definition ist, ja. Unter Utopie in diesem Fall verstehe ich, wenn jemand versucht, einem Idealbild möglichst nahe zu kommen. Das ist das, was wir als Musiker immer versuchen. Und ich weiß ganz genau, wenn die Neunte jetzt wieder von uns aufgeführt wird, werden wir die Vollendung nie erreichen, weil das Stück utopisch gedacht ist. Aber jeder, der nicht so vermessen ist, daß er glaubt, das Paradies zu erreichen, ist, glaube ich, in der Lage, wenn er mit den Realitäten rechnet, eine Annäherung dahin zu erreichen.
GERO VON BOEHM: Das ist also all das, was nicht geschehen ist in den zurückliegenden Jahrzehnten.
KURT MASUR: Nein, das Schlimmste, was geschehen ist, ist, daß man den Menschen auch in den Augenblicken, wo jeder erkannt hat, daß es beginnt schiefzugehen, noch versucht hat, vorzuerzählen, daß alles erreicht sei oder zumindest in einem hohen Maße erreicht sei, daß man immer wieder gesagt hat: Es geht euch doch gut, was wollt ihr eigentlich

noch? Das bestand ja bis zum Schluß. Und ich glaube, und deswegen verbindet mich so viel mit Rolf Henrich, der dieses für ihn am Anfang verhängnisvolle und dann für uns alle so hilfreiche Buch geschrieben hat »Der vormundschaftliche Staat – Vom Versagen des realen Sozialismus«, daß dieser Mann die Dinge aufgezeigt hat, die fehlerhaft gemacht worden sind. Und interessanterweise ist er einer der wenigen Sozialisten gewesen, er war ja Mitglied der Partei, er war sogar Parteisekretär, und er war Rechtsanwalt, was er Gott sei Dank wieder ist, er hat zum ersten Mal wieder davon gesprochen, daß der Mensch eine Seele hat und daß wir die Seele vergessen haben und daß es um Liebe geht. Und diese Formulierung war sehr interessant.

Wir haben hier einen Professor Heldt, der für eine relativ kurze Zeit im Zentralkomitee war, dann wieder nach Leipzig zurückkam; er war ziemlich krank geworden. Er hat damals bereits etwas gesagt, was ihn vielleicht gehindert hat, seine politische Karriere weiterzuführen. Er hat gesagt, es gäbe zu viele Menschen, die vergessen, daß der Sozialismus dafür geschaffen ist, daß sich die Menschen darin wohl fühlen. Und diese Grundidee braucht einfach eine realistische Basis.

GERO VON BOEHM: Aber Sie glauben noch an diese Grundidee, daß es einen Sozialismus geben kann, in dem sich die Menschen wohl fühlen, wenn er denn nun dafür geschaffen ist?

KURT MASUR: Wissen Sie, die Grundidee ist eine positive, absolut positive. Aber ich glaube, daß sie in der veränderten Welt von heute kaum realisierbar ist, ich weiß es nicht, ich kann es nicht beurteilen – es hat bis jetzt noch niemand den Beweis angetreten.

GERO VON BOEHM: Ja, aber fest steht doch, daß der Kommunismus nach Glasnost und während der Perestroika nicht mehr derselbe ist wie bei Lenin und Marx und Engels, und der Kapitalismus ist auch längst nicht mehr das, was das Klischee der Ideologen einstmals postuliert hat. Er ist ja gar kein so monolithisches starres System geworden, wie Marx und Engels noch befürchtet hatten. Die sind halt vom Zustand der arbeitenden Klasse in England 1840 ausgegangen, aber inzwischen hat die arbeitende Klasse überall eben sehr viel mehr zu verlieren als nur ihre Fesseln. Ist nicht das kapitalistische System, jetzt wieder als Klischee in Anführungsstrichen gesprochen, wenn es sozial verstanden wird, wie zum Beispiel in der Bundesrepublik, eben doch eine Alternative zu dem, was Sozialismus einmal heißen sollte?

KURT MASUR: Ja, auf jeden Fall. Aber ich glaube, daß wir uns über eines im klaren sein müssen: Menschen in unserem Lande waren gewöhnt, zu sehr gewöhnt, daß sie eine Existenzbasis hatten, die praktisch unantastbar war. Das hat auch zu einer Mittelmäßigkeit geführt, das hat auch zu Nachlässigkeiten geführt, zu Achtlosigkeiten, und damit haben wir einiges verspielt, was wir hätten halten können. Die Regierung hat das Volk hintergangen und das Volk ausgebeutet, ohne Wissen des Volkes. Das hat natürlich verhindert, daß all das geschehen konnte, was wir hätten machen müssen, um eine gewisse Angleichung an ein Lebensniveau kapitalistischer Länder zu haben. Und das hat zusammen dazu geführt, daß jetzt dieser Kollaps passierte.
GERO VON BOEHM: Wie lange haben Sie sich denn mit dem System identifiziert oder identifizieren können, als dessen wichtigster Botschafter Sie ja nun immerhin um die Welt gereist sind in Sachen Musik?
KURT MASUR: Auch das war eine Wellenbewegung. Ich führte führende Orchester, erst die Dresdner Philharmoniker, dann das Leipziger Gewandhausorchester, und ich habe, naiv ausgedrückt, versucht, so zu leben, als gäbe es keine Grenzen. Ich habe versucht, nachdem mir der Durchbruch gelungen war, über die Ressentiments und den Versuch, mich damals – nun sagen wir mal – etwas weich zu machen, so zu arbeiten, daß ich sagte, das Gewandhaus ist ein Orchester mit einer langen Tradition, das viele Zeitläufte überdauert hat, viele Wechsel überdauert hat, und du wirst dieses Orchester versuchen so zu führen, daß es in dem Moment, wo es wieder Gefahren gibt, beständig und stark genug ist, um auch die nächste Phase zu überdauern.

Daß in diesem Land in dieser Zeit alles, was mit Leistung verbunden war, gleichzeitig als Aushängeschild benutzt wurde, das kennen wir aus der deutschen Geschichte. Das war für mich nichts anderes, als einem Land zu dienen, bei dem ich meinte, daß diese Aufgabe, ein solches Orchester zu leiten, eine historische ist – im weiten Sinne. Das Verhältnis war so. Erich Honecker kam dann ...
GERO VON BOEHM: Darf ich nur dazwischenfragen, ehe wir auf Honecker kommen – hat Sie das denn in gewissem Sinne beruhigt, dieses Bewußtsein, eine historische Aufgabe in diesem Sinne zu haben; insoweit – ich würde jetzt mal sagen: »Ich guck' jetzt mal gar nicht, was da sonst in diesem Staat passiert, ich versuche, meine historische Aufgabe so gut wie möglich zu machen.«

KURT MASUR: Ich habe nicht die Dinge verdrängt, aber ich habe mich natürlich nicht damit beschäftigt, wie das ein Sozialarbeiter oder ein Politiker hätte tun müssen. Ich habe, und das können sicher viele bestätigen, versucht, so zu bleiben, wie ich war. Menschlich gesehen immer dort zu helfen, wo Hilfe notwendig war. Es gab Punkte, an denen ich oftmals spontan und ungeduldig gehandelt habe, wenn es um ähnliche Schicksale ging wie die, die ich in vier Jahren erlebt habe. Einer meiner besten Freunde zum Beispiel, Klaus Tennstedt, kam in eine ganz ähnliche Situation. Er hatte kein Orchester hier, man versuchte, ihn im Lande zu halten ohne eine Position. Und da habe ich ein Gespräch geführt, auch in Berlin mit dem Ministerium, und habe gesagt, das kann man nicht machen. Der Mann hat zuviel Talent, als daß er hier in der Ecke stehen müßte, nur im Staat gehalten wird, ohne daß man ihm eine Aufgabe zuweist. Klaus hat dann einen Weg gefunden, um rauszukommen, und wir wissen, daß er heute zu den bedeutendsten internationalen Dirigenten zählt. Es gab ähnliche Dinge auch im Bereich von Musikern, von Einzelkünstlern, Studenten sogar.
GERO VON BOEHM: Können Sie ein Beispiel sagen, damit wir uns vielleicht vorstellen können, in welche Nöte Sie auch manchmal geraten sind?
KURT MASUR: Na ja, das ist . . .
GERO VON BOEHM: Oder können Sie darüber noch nicht sprechen?
KURT MASUR: Doch, ich kann sprechen, aber es gibt eine ganze Fülle von Beispielen, die vielleicht auch für die Betroffenen gar nicht so gut sind, wenn ich jetzt darüber spreche.
GERO VON BOEHM: Sie müssen keine Namen nennen.
KURT MASUR: Na ja, es gab einen Studenten, der sollte zu einem Wettbewerb fahren, und ich war in der internationalen Jury, wir hatten ihn aus künstlerischen Gründen dafür ausgewählt. Und plötzlich hieß es, daß die Nachforschungen ergeben haben, daß er dort bleiben will, wo er dann hingeht. Und das war ja dann bereits für unsere Staatsorgane Grund genug – wir hatten ja diesen Paragraphen »Republikflucht«, und der Verdacht allein hat dann sofort alles abgeblockt. Ich habe mit dem Jungen gesprochen, und ich wußte, daß ihn mit einer jungen Inderin, die auch hier studierte, eine große Liebe verband. Sie hatten sich getrennt, das Mädchen war nach Paris gegangen, und er sagte: Ich trenne mich von ihr,

es geht sowieso nicht, in Indien sind die Verhältnisse so schwierig für Europäer, auch schwierig, dort hineinzukommen, und ihre Eltern sind dagegen. Ich habe mit ihm gesprochen, und er hatte, gottlob, das Vertrauen, ganz offen zu mir zu sagen, es stimme, er wolle dort bleiben, er halte es ohne das Mädchen nicht mehr aus. Ich habe dann versucht, Verbindungen zu schaffen, ich habe mit unserem Minister darüber gesprochen, Minister Hoffmann war ein menschlich sehr verständnisvoller Mann, der versucht hat, das, was ihm möglich war, auch mit durchzusetzen. Die beiden haben hier geheiratet, ganz bewußt in der Kirche, in der auch Robert Schumann und Clara getraut worden sind, und ich war der Trauzeuge. Ich habe daran gearbeitet, daß die beiden die Genehmigung bekommen, zusammen nach draußen zu gehen, und das war gelungen. Das ist so ein Fall, wo man sagen müßte, hier hat das Eingreifen geklappt, hier fand man auch Verständnis.

Es gab natürlich Musiker, die uns verlassen haben, die ich nicht aus politischen Gründen verurteilt habe, sondern einfach *wie* sie uns verlassen haben. Das waren oftmals Fälle, wo ich auch bewußt gesagt habe: Für uns im Gewandhaus, die wir versuchen, so zu leben, als ob es keine Grenze gäbe, ist nicht der politische Fakt das Entscheidende, sondern wie hat er unser Orchester verlassen, in welcher Weise. Wir hätten versucht, ihm zu helfen. Es gab viele, die haben den Ausreiseantrag gestellt, haben natürlich dann warten müssen mit ihrer Familie, oft zwei bis zweieinhalb Jahre, aber sie sind legal ausgereist. Das sind Kollegen, denen ich nach wie vor gerne begegne, weil sie mit uns gemeisam gesagt haben: Wir möchten das Orchester nicht schädigen, wir möchten auch den anderen Kollegen nicht eine Situation schaffen, die ein noch größeres Mißtrauen dieser Sicherheitskräfte beinhaltet, und wir wären dadurch vielleicht in eine schwierige Situation geraten . . . Wir haben diese Musiker natürlich immer in unserem Orchester behalten, sie sind von uns nie etwa herausgenommen oder diskriminiert worden.

GERO VON BOEHM: Wilhelm Furtwängler war ja auch einmal Gewandhauskapellmeister, in den zwanziger Jahren hier in Leipzig, er ging dann an die Staatsoper in Berlin, und er hat 1933 einen offenen Brief an Goebbels geschrieben, in dem er sagt: Bei mir kommt es nicht in Frage, daß aus rassischen Gründen Juden aus dem Orchester fliegen, für mich gibt es einen klaren Trennungsstrich, der ist aber qualitativ: Entweder einer

ist gut oder schlecht, aber Jude oder Nichtjude – das gibt es bei mir nicht. Und er hat dann noch mit einigen Sätzen dieses musikalisch begründet, aber er hat eigentlich mit keinem Wort Stellung genommen zu dem, was mit den Juden damals schon passierte. Er hat also eigentlich eher ängstlich diesen Brief geschrieben und so abgefaßt, daß er auch ja nicht mißverstanden werden konnte. Haben Sie manchmal an Furtwängler gedacht in den Jahren?
KURT MASUR: Furtwänglers Beispiel mag im nachhinein als nicht genügend erscheinen. Er hat wirklich nur in Einzelfällen etwas getan. Er war groß genug, um sicherlich auch sagen zu können: Ich gehe woanders hin, ich gehe nach Amerika, ich reise aus, ich bin dann Dirigent woanders. Und ich kann nicht beurteilen, aber ich möchte glauben, daß er geblieben ist aus ehrlichen Gründen. Er hatte ein Orchester, welches, nun, das beste in der Welt war, und wer das Orchester genau kennt, der wird es heute noch als das beste der Welt bezeichnen. Wenn man die Eigenschaften, die die Berliner Philharmoniker besitzen, liebt – man kann auch an Musik anderes herangehen. Ich glaube, mit Sicherheit annehmen zu können, daß bei seiner Haltung, die er menschlich bewiesen hatte in der Zeit und auch nach dem Krieg, daß man annehmen muß, daß er sich gesagt hat: Du hast hier historisch eine der bedeutendsten Aufgaben, die du haben kannst. Eine Flucht irgendwo anders hin könnte nur bewirken, daß ein Zerstörungsprozeß für dieses Orchester beginnen würde.
GERO VON BOEHM: Wie kann man mit dem Zwiespalt leben, eben mit dieser Arbeit dann doch ein Regime, mit dem man gar nicht mehr einverstanden ist – und so war es bei Ihnen in den letzten Jahren –, schon auf eine gewisse Weise zu stützen. Das ist doch die Gretchenfrage.
KURT MASUR: Wissen Sie, das Gar-nicht-mehr-Einverstanden begann relativ spät. Daß der wirtschaftliche Aufschwung auf einmal wegblieb, das war nicht so sehr das Entscheidende für unsere Menschen. Für mich schon gar nicht, weil es mir gutging. Das Entscheidende, und das ist für mich das Faszinierende an diesen Demonstrationen gewesen, war nicht, nach mehr Lebensmitteln zu verlangen, nach besseren Lebensbedingungen, es war eine geistige Freiheit, die gefordert war. Machen wir uns nichts vor – wir alle erwachten, und die Hoffnung stieg, als Gorbatschow erschien. Bis zu diesem Zeitpunkt war eigentlich die Einstellung bei vielen so, daß sie sich sagten, die Sowjetunion hält sowieso so stark

die Hand auf unserem Land als Siegermacht. Ich erinnere mich, daß ein älterer Kollege mit großer Erfahrung, ich möchte seinen Namen jetzt nicht nennen, mir einmal ein Bild von Don Quichotte schenken wollte und sagte: Du kannst nicht versuchen, gegen Windmühlenflügel zu kämpfen. Das Erscheinen Gorbatschows und seiner Ideen hat ja erst den Ausgangspunkt geschaffen für das alles. Davor war es, nun, wie es im »Don Carlos« heißt, auch ein Friede. Aber es war eine Ruhe, die unschöpferisch war, es kam eine Gleichgültigkeit, die sich immer mehr breitmachte, die einen zur Verzweiflung brachte. Die Bürokratie wuchs. Aber es stand immer noch eine Grundidee einer Lebensform, die man irgendwo als Humanist bejahen konnte. Und, schauen Sie, es war der erste Brief, den ich an Honecker schrieb, als diese Baugrube hier unter dem Gewandhaus wieder zugeschüttet werden sollte, als es hieß: »Hier wird nichts gebaut.« Der erste Brief, den ich an ihn schrieb, war, daß ich ihm versuchte klarzumachen, was es für das Gewandhaus und die Stadt Leipzig bedeutet, wenn die Hoffnungslosigkeit auch den Neubau des Gewandhauses betrifft und damit die Weiterführung solcher bedeutender musikalischer Traditionen verschüttet wird. Ich habe versucht, den Brief knapp zu fassen, ich habe versucht, den Brief für einen Politiker so zu gestalten, daß er einsah, daß mit einem Haus die Stadt einen neuen Glanzpunkt bekommen konnte. Das war der Fall – es war seine einsame Entscheidung zu einem Zeitpunkt, wo sich unser Land das eigentlich gar nicht mehr hätte leisten können, schon damals nicht, so würde ich das sehen. Für ihn war das einzusehen, und es war sicher auch im Sinne der Repräsentanz des Landes. Wir waren ja bemüht, im Sport und in der Kunst und überall zu beweisen, daß die DDR ein Land mit Kultur und mit Leistungsfähigkeit ist – die Repräsentanz eines solchen Hauses und der Semperoper und des Schauspielhauses in Berlin dürfte da die vordergründige Rolle gespielt haben.

GERO VON BOEHM: Das war ja noch vor Gorbatschow, das war ja auch lange vor der Zeit, in der auch Sie dann eben diese Identifikation mit der Idee nicht mehr hatten – das sollten wir, glaube ich, klar sagen. Wann sind Sie denn Erich Honecker zum ersten Mal persönlich begegnet?

KURT MASUR: Das war in dieser Vorbereitungszeit, als er zum ersten Mal herkam.

GERO VON BOEHM: Welchen Eindruck hatten Sie von ihm?

KURT MASUR: Ja, er war sehr starr, und er war meist ein Sklave des Protokolls. Eine Begegnung mit ihm war immer nur hier anläßlich der Messe-Eröffnungen, in dem Nikisch-Zimmer. Sie hatten meist nie zu politischen Diskussionen geführt, sondern mehr zu Höflichkeitsgesten, indem er etwa fragte: »Das Haus sieht so frisch aus, habt ihr schon wieder renoviert?« Das war eine seiner letzten Fragen, und ich sagte: »Nein, das sieht bei uns immer so aus, weil wir versuchen, es zu erhalten.« Als die Schwierigkeiten bei uns begannen und jene erste Demonstration, über die wir alle so erschüttert waren, mit Gewalt auseinandergetrieben wurde, nämlich jene für Rosa Luxemburg mit dieser Losung »Freiheit ist immer die Freiheit der Andersdenkenden«, da hatte ich mit unserem Minister Hoffmann bereits gesprochen. Ich fragte: »Was geschieht denn bei uns, wie könnt ihr denn so etwas zulassen?« Und er sagte mir damals schon: »Unsere Führung ist zu alt!« Mein Verhältnis zu Honecker war das eines Mannes, der mich respektierte und den ich respektierte, aber nicht mehr.
GERO VON BOEHM: Aber das reichte doch vielleicht, um ihm Ihre Eindrücke vom Zustand dieses Staates zu vermitteln, war das nicht möglich?
KURT MASUR: Es war nicht möglich.
GERO VON BOEHM: Sie hätten also auch nicht schreiben können?
KURT MASUR: Ich hätte ihm geschrieben, und das ist das Kuriose: Ich habe einen zweiten Brief an ihn geschrieben, als es darum ging, daß Künstler unseres Landes nicht mehr in die USA reisen sollten – nach der Stationierung der Raketen in der Bundesrepublik und in Westeuropa. Das war im Grunde ein Nachbeten der sowjetischen Maßnahmen, das wissen Sie, aber die Sowjetunion war in der Zwischenzeit bereits darauf gekommen, daß sie damit niemanden treffen kann, sondern daß – nun ja, es war ein Schuß ins eigene Tor. Als ich davon erfuhr, habe ich ihm geschrieben. Das war mein zweiter Brief. Ich habe ihn gebeten, uns nicht in einem Moment schweigen zu lassen, in dem die Konfrontation in der Welt immer größer wird und meiner Meinung nach die Musik in der Lage ist, noch da zu sprechen, wo Politiker schon kein Wort mehr miteinander wechseln. Die Ansicht vieler anderer Politiker bei uns – das kannte ich aus Äußerungen – war die, daß wir in ein solches Land nicht mehr reisen könnten, und als ich sagte: »Entschuldigt, wir haben dort schon sehr viele Freunde, die im musikalischen Bereich festgestellt

haben, daß wir ein Land sind, welches eine Kultur besitzt und welches ja nicht ganz so barbarisch sein kann, wie man das ja auch in den Zeitungen manchmal lesen mußte!« – da sagte mir einer der führenden Politiker: »Ja, aber dann scheinen Ihre Freunde nicht genügend Macht zu haben in den USA!« Ich sagte: »Wissen Sie, es ist eher die andere Frage: Wen wollen Sie bestrafen? Einen Reagan? Der geht sowieso nicht in Konzerte. Wir bestrafen die Menschen, die wir inzwischen als Freunde gewonnen haben, und sie werden an uns zweifeln, sie werden die Verbindung mit uns nicht mehr suchen, werden sagen, die DDR ist ein Land, das einfach nicht akzeptabel ist in der Welt. Wir werden uns selbst isolieren, das ist alles.« Er hat sofort entschieden, daß diese Weisung zurückgenommen werden mußte. Das ist die zweite positive Entscheidung gewesen, das hat ausgereicht.

GERO VON BOEHM: Gibt es einen dritten Brief, der vielleicht nie abgeschickt wurde?

KURT MASUR: Es gibt einen dritten Brief.

GERO VON BOEHM: Nach seinem Sturz?

KURT MASUR: Ja.

GERO VON BOEHM: Aber ich möchte vorher noch wissen, haben Sie jemals mit dem Gedanken gespielt, Sie als scharfsinniger, humaner Beobachter der Zustände in diesem Staat, haben Sie jemals mit dem Gedanken gespielt, Ihre Diagnose vom Elend dieses Staates in einem Brief Honecker mitzuteilen?

KURT MASUR: Ja. Und den Zeitpunkt kann ich Ihnen genau sagen. Honecker wurde operiert, wie Sie wissen, und das war just der Zeitpunkt, in dem wir alle sagten: So kann es nicht weitergehen. Ich habe mit einem meiner engsten Freunde, mit Siegfried Matthus, dem Komponisten, im Februar dieses Jahres in Cleveland zusammengesessen. Zehn Tage und Nächte. Und wir haben gesagt: Wir müssen über die Akademie der Künste versuchen, etwas zu tun, klarzumachen, was im Volk los ist, klarzumachen, wie die Stimmung ist. Ich weiß, daß Manfred Wekwerth, ich weiß, daß Hermann Kant es versucht haben. Sie haben sich alle eine blutige Nase geholt. Bereits vor dem Schriftstellerkongreß waren Aussprachen, und da wurde im Zentralkomitee der SED die Antwort erteilt: Ihr schreibt die Bücher, und wir machen die Politik! Die These vom »Mitregieren« war gefallen, sie existierte nicht mehr. Und ich muß Ihnen ehrlich sagen, ich habe, da es nicht um persönliche Anliegen ging, sondern einfach nur um mein Verantwortungsbewußtsein gegenüber den Menschen hier, ich habe mich einfach nicht als bedeutend genug gefühlt, Erich Honecker zu schreiben und ihn zu bitten, ihm in einem dritten Brief zu sagen: Treten Sie zurück! Das kam erst nach dem 9. Oktober – die Sendung mit Claus Richter war am 2. Oktober, die vielen Menschen Mut gegeben hat, auch offen zu sprechen. Aber die Gefahr war sehr groß. Dann wissen Sie, daß am 7. und am 8. die Polizei sehr hart eingegriffen hat, und für den 9. Oktober war hier ja die Befürchtung sehr groß. Dann kam dieser Neunte. Und wir reisten anderthalb Tage später nach Moskau. Und in Moskau war meine erste Idee: Ich muß Honecker schreiben, muß ihm einfach von meiner Seite aus sagen, ob er nicht die Gelegenheit nutzen sollte, aus Gesunheitsgründen zurückzutreten. Das war aber noch nicht die Lösung für uns, weil wir keinen Nachfolger wußten. Wir schätzten Modrow mit seiner Haltung damals schon, weil er eigentlich offen genug war, um zu sagen, daß er den Weg, den die Partei damals ging, nicht akzeptieren konnte. Aber wir sahen ihn nicht als Nachfolger, weil wir wußten, daß Honecker das nie zugelassen hätte. Und zwei oder drei Tage später erreichte uns die Nachricht, daß Erich Honecker zurückgetreten war. Das war natürlich für uns alle damals eine Überraschung, und der Brief war just von mir gedacht, zu einem Zeitpunkt, als es drei oder vier Tage danach geschah.

GERO VON BOEHM: Also er existierte in Ihrem Kopf.

KURT MASUR: Im Kopf existierte er bereits, und auch einige unserer Leitungsmitglieder wissen davon, daß ich diesen Brief schreiben wollte. Ich hielt es fast für gespenstisch, daß ich so etwas schon im Kopf hatte, wo alles ja schon in Vorbereitung war. Wir wußten nichts von den Aktivitäten, die offensichtlich schon innerhalb des Politbüros vorhanden waren, und wir wußten nur, daß zuerst einmal ein Aufatmen kommen würde. Was danach geschah, das wissen Sie, war überhaupt nicht vorausschaubar.

GERO VON BOEHM: Und was ist denn nun an diesem 9. Oktober tatsächlich passiert, da ja alles noch hätte umgekehrt werden können, und das war ja kurz davor.

KURT MASUR: Das war auf Messers Schneide. Ich muß Ihnen ehrlich sagen, ich glaube, daß alle Beteiligten, und ich will da sogar die Sicherheitskräfte mit einschließen, die, die hier am Ort und Stelle waren, die große Furcht hatten, daß irgendwo ein kleiner Funken hätte entstehen können. Es gingen sogar einige so weit in ihren Gedanken, und ich habe auch die nicht abgewiesen, daß es leicht möglich gewesen wäre, jemanden in die Menge zu mischen, der bewußt provoziert und dann das Eingreifen der Sicherheitskräfte damit gerechtfertigt hätte. All das ist nicht geschehen, und die Gratwanderung war für uns sechs extrem; sie betraf die Existenz im Beruf, die Existenz in unseren Tätigkeiten. Aber das Risiko für die Menschen, die nun auf der Straße waren, das war auch schon ein physisches. Und ich erinnere mich, daß hier in unserem Haus – es waren da Demonstrationen noch vor dem 7. Oktober – ein Demonstrant, der sich offenbar in den Augen der Sicherheitskräfte nicht richtig verhalten hat, ins Gewandhaus hineingezogen worden war, und seine Personalien wurden hier aufgenommen. Und ich habe am nächsten Tag den Beauftragten für Sicherheit, der hier im Bereich Gewandhaus zuständig war, zu mir gebeten und ihm gesagt: »Bitte lassen Sie mir das Gewandhaus sauber. Verhaftungen können Sie überall woanders vornehmen, aber bitte nicht im Gewandhaus.« Er hat das sehr respektiert. Dann hatten wir bei dieser Demonstration am Neunten zwei junge Leute der Staatssicherheit, ganz junge, die wahrscheinlich gerade erst hineingekommen waren, die ziemlich nervös und ziemlich unsicher zuschauten, was da unten passierte. Daß sie hinterher kamen und sich bedankten, weil sie wußten, daß wir versucht haben, Gewalt abzuwenden, das hatte sehr viel Doppelbedeutung. Das hat mir eigentlich bewiesen, wie sehr sich auch diese Menschen schon im klaren darüber waren, daß Gewalt ihr Leben total verändert hätte.

Was hier geschah, das ist ja entstanden aus den Friedensgebeten in der Nikolaikirche, die schon über Monate oder über Jahre hinaus laufen, und die Nikolaikirche wurde dann zum Haus für diejenigen, die ihre Meinung offen sagen wollten. Das führte dazu, daß sich dann Bereitschaftspolizei schon immer ringsherum aufstellte, angeblich um Gewalttätigkeiten abzuwehren. Das wurde sogar mir gegenüber einmal behauptet, als ich fragte, warum man die Menschen nicht einfach herauskommen ließe. Denn wenn sie keine Polizei sähen, würden sie nicht provozieren; sie würden durch die Polizei provoziert. Da hat man zu mir gesagt, auch die Kirche hätte darum gebeten, denn bereits in der Kirche würde durch

Zwischenrufe Unordnung geschaffen. Als ich dem nachgegangen bin, stellte sich heraus, daß eine solche Bitte von der Kirche gar nicht ergangen war.

Diese Eskalation, immer mehr Sicherheitskräfte am Ausgang der Kirche aufzustellen, führte dazu, daß sich immer mehr Menschen versammelten. Und ich habe in der Diskussion immer gesagt: Wenn ich nicht die Gelegenheit hätte, in der Bezirksleitung zu sprechen und dort meinen Befürchtungen Ausdruck zu verleihen, dann würde ich auch in der Kirche sein. Da gehen all *die* hin, die fragen: Was tue ich Unrechtes, wenn ich offen meine Meinung sage, wenn ich mitbauen will an einem Land, in dem ich lebe, wenn ich mich darin wohl fühlen will.

GERO VON BOEHM: Und dann kam der Einsatzbefehl Erich Honeckers an die Nationale Volksarmee, sich auf ein Vorgehen vorzubereiten. Das war der 9. Oktober. Wie haben Sie denn davon erfahren?

KURT MASUR: Nein, der Einsatzbefehl war bereits für den 7. Oktober ergangen, weil man diese Demonstrationen erwartete. Und der Einsatzbefehl war am Neunten – entgegen der Darstellung von Egon Krenz und ein paar anderen Persönlichkeiten, dazu gehörte Gysi, dazu gehörte sogar Manfred von Ardenne – der war nicht zurückgenommen worden. Es gab einen Befehl, den haben Kommandeure jetzt hier in unserer Zeitung noch einmal bestätigt, daß der Befehl zum Eingreifen nicht zurückgenommen worden ist. Der Befehl bestand, die Demonstration auf jeden Fall auseinanderzuprügeln. Wir sind noch nicht ganz durch mit den Fakten, und ich sage Ihnen gleich, was wir sechs gewußt haben und was wir nicht gewußt haben. Was wir gesehen haben, und das hat auch mich erschreckt, war zum ersten Mal eine mit Schlagstöcken bewaffnete Sicherheitspolizei mit Helmen und Schilden. Das waren aufgefahrene Wasserwerfer, das waren bereitgestellte Tränengasbomben. Und was ich hinterher erfahren habe, durch Zuschriften von Leitern von Krankenhäusern in Leipzig, die sich auch bedankten für das Eingreifen: daß dort Betten bereitgestellt werden mußten und Blutkonserven bereitgehalten werden mußten. Das wußten wir nicht in diesen Einzelheiten.

Ich rief unseren zuständigen Mann in der Bezirksleitung, der Abteilung Kultur, Dr. Meyer, an – das war am Neunten nach der Generalprobe, wir hatten am Abend Konzert. Ich sagte, daß ich Befürchtungen habe, daß es zu dieser Eskalation kommen könnte, weil die vorhergehenden

Tage das bewiesen haben; es wurde eingegriffen, und es war bereits zu sehr harten Auseinandersetzungen gekommen. Wir wußten, daß in Leipzig das Zentrum des Widerstandes war – das Neue Forum, die Kirche, all diese neuen Aufbruchgruppen, von denen wir wußten, daß sie sich in Leipzig am Neunten versammeln würden. Herr Pommert *[ebenfalls Sekretär der SED-Bezirksleitung]* war in der Lage, Verbindungen aufzunehmen, telefonierte auch aus dem Gewandhaus gleich, so daß zumindest hier in Leipzig erst einmal gesagt wurde, die Kommandeure seien bereit, zurückhaltend zu sein. Und dann haben wir diesen beruhigenden Aufruf, die Menschen zur Vernunft zu mahnen, verfaßt, gemeinsam verfaßt, und alle sechs unterzeichnet, mit dem Hinweis darauf, daß sie bitte nicht in irgendeiner Weise jetzt zu Auseinandersetzungen greifen sollten, sondern versuchen sollten, alles friedlich zu halten. Wir, die wir uns verbürgten, die Wünsche der Bevölkerung an die staatlichen Stellen und an die Regierung weiterzugeben – und wir garantierten, daß wir das weitergeben würden –, wir baten diese Menschen, doch Besonnenheit zu wahren. Das Glück wollte es, daß man uns gemeinsam vertraut hat. Ich habe diesen Aufruf dann auf Wunsch der anderen verlesen. Er ist im Rundfunk, im Sender Leipzig, gesendet worden und ging dann in die Kirchen. Dr. Zimmermann ist dann noch schnell, in buchstäblich letzter Minute, in die vier Kirchen gefahren und hat diesen Aufruf verlesen lassen, so daß eine ganze Reihe von Menschen ihn doch mitbekommen haben.

*

GERO VON BOEHM: Am 9. Oktober – war das eigentlich eine autonome Entscheidung der Nationalen Volksarmee, nicht einzugreifen?
KURT MASUR: Hier in Leipzig? Nur in Leipzig? Ja. Es war eine Entscheidung, wo ich sagen würde, hier hat wirklich die Besonnenheit aller Leipziger Beteiligten dazu geführt. Sogar, wenn wir so wollen, der alten Stalinisten in der Bezirksleitung. Die enge Führung – während Horst Schumann, der Erste Sekretär der Bezirksleitung, krank war – hat sozusagen ohne Führung das hier auch durchgesetzt. Und die Bestätigung von Berlin kam erst, als das bereits geschehen war, also zwei Stunden nachdem die Verantwortung hier von den Leipziger Stellen übernommen wor-

den war. Und ich glaube, da hat uns einfach das natürlichste humanistische Empfinden verbunden. Keiner von uns wollte Blut sehen.

GERO VON BOEHM: Hat das Konzert am Abend des 9. Oktober noch stattgefunden?

KURT MASUR: Das Konzert hat stattgefunden, das Konzert war voll, es fehlte kein Besucher, also es war normal besucht mit ein paar freien Plätzen, die immer sind, und es begann kurioserweise mit »Till Eulenspiegel«. Mir hat das mal jemand gesagt, und es hat auch ein Kritiker geschrieben, daß er so einen »Till« noch nie gehört habe. Keiner von uns hat unbelastet gespielt, und selbst wenn ich eine leichte Natur wäre, die alles hätte wegschieben können – das Orchester wäre so beeindruckt und belastet gewesen von den Stunden davor, daß sie's gar nicht anders hätten spielen können. Es ist ein sehr ernsthafter »Till« geworden.

GERO VON BOEHM: Das heißt, man kann mit Musik vielleicht manchmal mehr sagen als mit Worten.

KURT MASUR: Ich meine, daß bei Komponisten wie Richard Strauss, aber bei fast allen, die Größe der Musik in der Vieldeutigkeit der Themen liegt. Musik kann uns natürlich in eine ganz bestimmte Stimmung versetzen oder in eine ganz bestimmte Sphäre der Nachdenklichkeit bringen. Sie kann uns auch anregen, sie kann uns aktivieren, das ist klar. Aber innerhalb dieser Charakteristik bleiben so viele unsagbare Dinge. Ein Beispiel: Mozarts A-Dur-Klaviersonate hat ein Thema, das er selbst variiert hat. Das geht vom Hauptthema aus, welches – wenn man so will – eine Siciliana ist, in einer gewissen Weise beglückend, in einer gewissen Weise melancholisch. Man kann gar nicht alles beschreiben, was in dem einen Thema drinsteckt, was er selbst versucht hat, hinterher zu analysieren. Gibt er doch dem Thema im Adagio einen ganz anderen Charakter, versieht dasselbe Thema mit brillanten Klängen und versucht so, die Vielfältigkeit des Themas darzustellen. Und dasselbe hat mit dem gleichen Thema dann im Orchester noch einmal Max Reger gemacht. Er hat es nun auf eine noch andere Weise getan. Ich glaube, wenn man sich das vor Augen führt, das einfache Mozart-Thema, und sich dann die ganzen Variationen einmal hintereinander anhört, würde man immer noch nicht in der Lage sein, mit Worten zu beschreiben, wie vieldeutig ein Thema ist. Das macht Musik für die Menschen nacherlebbar in unbewußter, aber auch in bewußter Form. Es führt bei jedem zu anderen

Assoziationen, und ich muß sagen, das ist eigentlich das Wunderbarste an Musik, daß für jeden so viel Freiraum bleibt.

GERO VON BOEHM: Und sie ist in Zeiten, wie Sie sie eben erlebt haben, ein Schutzwall, denn das spielt sich im Kopf ab, das kann einem niemand verbieten, und es konnte Ihnen niemand verbieten, in die Musik etwas hineinzulegen, was Sie vielleicht zwischen den Zeilen sagen wollten. Andererseits ist Musik natürlich auch unverfänglicher als Schriftstellerei und bildende Kunst, und sie beinhaltet weniger Risiko.

KURT MASUR: Schriftsteller hätte ich nicht werden können und wäre es auch sicher nicht geworden. In gewissen Zeiten war ich poetisch, wenn ich verliebt war, da habe ich empfunden: Du möchtest eigentlich versuchen, mit Worten etwas Bestimmtes auszudrücken. Aber das Talent hatte ich nie, Maltalent hatte ich auch nicht. Mir blieb die Musik, und wo Sie das heute so aussprechen, kommt mir zu Bewußtsein, daß die Musik von Anfang an in meinem Leben diese Rolle gespielt hat: Ich war in einer Welt, die mich stark gemacht hat, in der ich Dinge, die ich normalerweise nicht hätte ertragen können, verarbeiten konnte. Ich hatte eine Kindheit, die ein bißchen überschattet war durch einen Vater, der Trinker war, und wir alle litten sehr darunter. Er lebte bis zu seinem 72. Lebensjahr, er war ein sehr guter Kerl, aber er war einfach zu weich und war dieser Sucht sehr verfallen. Das hat unser Leben mitbestimmt. Aber ich erinnere mich zugleich, wie ich als Kind ans Klavier gegangen bin, nie mit dem Gefühl »du mußt jetzt üben« oder »du mußt jetzt endlich ans Klavier gehen«; ich durfte ans Klavier. Und wenn mir Zeit gelassen wurde, war das die Möglichkeit eines Zwiegesprächs mit mir selbst. Das ist so geblieben, und das hat bei mir wahrscheinlich dazu geführt, daß ich mich für einen anderen Beruf gar nicht hätte entscheiden können. Ganz gleich, was ich erreichte – ich war kein Mann, der so an sich glaubte, daß er eine Riesenkarriere machen würde. Ich war nicht brillant, ich liebte einfach Musik, und es gab für mich keine andere Wahl, als das zu tun.

GERO VON BOEHM: Da schließt sich der Kreis, denn ich glaube, Beethovens Neunte hat eine ganz wichtige Rolle gespielt.

KURT MASUR: Ja, das ist wahr. Das erste Konzert, das ich hörte, war Beethovens Neunte, in der Breslauer Philharmonie unter Herbert Albert, der für eine kurze Zeit nach dem Krieg hier auch Gewandhauskapellmeister war. Ein Freund, ein jüdischer Freund, hat mich dort hingebracht. Er gehörte zur Verwandtschaft einer derjenigen, die den 20. Juli mit aktiviert hatten, und er wurde in einer Art Sippenbestrafung an unsere Schule versetzt. Er war der erste, der mich in seine Familie nach Breslau – die nächste Großstadt – brachte, mir zum ersten Mal zu einem Opernbesuch und zu einem Konzertbesuch verhalf. Die Neunte Beethovens. Es gab wenige künstlerische Erlebnisse danach, die mich so außer Kontrolle gebracht haben, die mir auf einmal ein Tor geöffnet hatten, wie dieses erste Erlebnis. Ich hatte bereits Konzerte im Radio gehört, und ich war eigentlich schon als Kind sehr stark auch mit sinfonischer Musik verbunden. Aber dieses erste Konzerterlebnis mit der Neunten hat mich auf einmal darauf gebracht. Weil ich wußte, ich konnte nicht Organist werden auf Grund einer Erkrankung meiner Finger, ich konnte auch nicht Pianist werden, war ich auf einmal darauf gebracht, doch Dirigent werden zu können. Ich wurde sehr belächelt, war ein so scheuer junger Mann, der vor anderen Menschen normalerweise, ohne zu stottern, gar nicht reden konnte, und keiner traute mir das zu. Ich war in meiner Scheu auch einer, der nicht viel Mut besaß, ich war ein vorsichtiges Kind. Und ich habe auf einmal begonnen, als ich bemerkte, daß ich diese Eigenschaften wie Mut, die Eigenschaft einer Kontaktfreudigkeit brauchte, um mich fähig zu machen, Gedanken zu äußern und mit anderen Menschen frei zu kommunizieren, da habe ich auf einmal begonnen zu trainieren; und das hat mich bis heute natürlich auch ein wenig verändert.

GERO VON BOEHM: Schiller hat übrigens die »Ode an die Freude« in Leipzig geschrieben, und ich glaube, es kann kein Zufall sein, daß Sie ausgerechnet in dem Programmheft für die Saison 1989/90 – und als es gedruckt wurde, war von Revolution noch keine Rede – die folgenden Zeilen zitieren: »Wohltun, wo man kann, Freiheit über alles lieben, Wahrheit nie, auch sogar am Throne nicht, verleugnen.«

Briefe von Ende Dezember 1989 bis März 1990

Eben Ihr Interview mit Gero von Boehm anschauend, anhörend, möchte ich Ihnen, ganz spontan, einen kurzen Gruß senden, einen Gruß des Dankes vor allem, an Sie, an Ihr Orchester, an die Stadt Leipzig, an alle Bürger, Dank auch, wie Sie sagten, an die Sicherheitskräfte. Wieder haben uns, wie in den vergangenen Wochen und Monaten, die in das Gespräch eingeflochtenen Bilder sehr bewegt, bis ins Physische hinein, zitternd und bangend und hoffend, bewegt haben uns die feierlichen Gesichter der demonstrierenden Menschen, denen auch die behutsam getragenen Windlichter und Kerzen halfen, daß kein verheerender Funke ein Infernum entzünden konnte. Welche Reife haben die Menschen Ihrer Stadt (und überhaupt) bewiesen – wir empfanden die Ereignisse in Leipzig als eine der großen »Sternstunden« der Geschichte. – Dank auch für Ihre so feinen Aussagen über andere Menschen und über Musik. So bescheiden und jenseits aller Überheblichkeit.

Die Sendung mit Ihrem Interview reiht sich ein in die beglückenden Erlebnisse und »Begegnungen« mit Menschen, die – jenseits aller Grenzen und Systeme – durch ihr Können, ihr Tun und Sein dazu beitragen, daß unsere Welt ein wenig besser und menschlicher wird (ganz im kleinen sehe ich eben das auch als Sinn meiner Aufgabe als Lehrerin und Leiterin von drei Kinder- und Jugendchören).

Mein und unser Wunsch für 1990 und die Zukunft: Daß – Ihrem und dem Leipziger Beispiel folgend – politische Klugheit und Vernunft, und vor allem natürliche Menschlichkeit und Humanität als oberstes Gebot, überall in der Welt wachsen und eines Tages siegen mögen, daß unsere Sehnsucht nach dauerhaftem Frieden gestillt werde.

28. Dezember 1989 *Theodora R., Villingen-Schwenningen*

Unserem Ehrenbürger der Stadt Leipzig und dem Initiator für gewaltlose Demokratie möchten wir, die Damen vom Einlaß- und Garderobedienst des Leipziger Opernhauses, ganz herzlichen Dank sagen!

28. Dezember 1989

Heute mittag verfolgte ich das Rundfunkgespräch mit dem Oberbürgermeister von Hannover und Herrn Masur. Seine Meinung hat mir sehr zu denken gegeben.

Er möchte offenbar das Wort Sozialismus aus dem Wortschatz der deutschen Sprache für überholt oder untauglich wegradieren. Das Wort, ich verstehe, es ist in den Augen des westlichen, kapitalistischen Systems untauglich.

Ja, es ist ja schon jahrelang ein Dorn im Auge für die westlichen Machthaber und jetzt, was auch immer bei uns passierte, wäre die beste Gelegenheit, den Sinn samt dem Wort wegzubefördern. Zugunsten der Menschen, die die paar Zehntausende sind, die das Land regieren. Sie mögen sich ja vielleicht so in Wohlstand befinden, Herr Masur, daß für Sie auch das Wort ein Dorn im Auge ist. Ich kann nur als normale, unparteiische Bürgerin der DDR sagen, daß es sich im Sozialismus am besten lebte. Der Grund: Es waren die 40 Jahre keine Bettler und Obdachlose sowie Arbeitslose und Rauschgiftsüchtige und dermaßen viele Banküberfälle und sonstige Verbrechen in unserem Lande zu verzeichnen als in unserem benachbarten Deutschland BRD. Warum wird da drüber der Mantel des Schweigens ausgebreitet? Wäre es zu unanständig, über so etwas zu sprechen? Aber wehe, so etwas würde in unserem sozialistischen Staat, der DDR, an der Tagesordnung sein. Wie böse Menschen würden wir sein, samt unserer gewesenen und auch jetzigen Regierung. Ich bin streng katholisch erzogen worden, ich sehe aber in Ihrer Meinungsäußerung keine Ähnlichkeit mit dem Zehn Geboten Gottes. Wenn ich nicht irre, nehmen Sie doch den christlichen Glauben zur Grundlage Ihrer Partei. Oder nicht!

29. Dezember 1989 *Hedwig N., Wismar*

Ich verehre Sie und auch Leipzig und bedanke mich, daß Sie und Leipzig der Hydra den Kopf abschlugen. Als Ehrenbürger Leipzigs sind Sie der Edelste der Edlen.

29. Dezember 1989 *W. P., Hoyerswerda*

Bitte entschuldigen Sie, wenn ich Ihnen schreibe, aber seit dem 9. Oktober liegt es mir sehr am Herzen, Ihnen meinen innigen Dank auszusprechen für die große Tat und den Mut, welchen Sie an diesem Tag bewiesen haben.

Wir waren an diesem Tag mit dabei – mein Sohn und meine Schwiegertochter in erster Reihe. Meine Ängste werden Sie wohl verstehen können! Ich werde 75 Jahre alt, und da kam mir leider die schwere Zeit des Krieges und der Bombenangriffe in den Sinn. Angst und nochmals Angst hat mein Leben geprägt. Aber alle Demonstranten sind an diesem denkwürdigen Tag wieder gesund nach Hause gekommen. Dank Ihres und der anderen fünf Männer Einsatzes.

Ich als geborene Leipzigerin freue mich sehr, daß Sie zum Ehrenbürger unserer Stadt ernannt wurden. Meinen herzlichen Glückwunsch!

Mit Ihrer Musik haben Sie die Menschen in aller Welt um vieles bereichert, und ich werde morgen die »Neunte«, leider wieder bloß im Fernsehen, genießen können. Aber trotzdem wird mir die Musik wieder Kraft in dieser noch schweren Zeit geben. Sie bleiben uns Leipzigern treu, und wir sind stolz darauf.

30. Dezember 1989 *E. L., Leipzig*

Mit großer Anteilnahme habe ich in den letzten Wochen ihren mutigen Einsatz für die neue Freiheit verfolgt und bewundert. Ich möchte Ihnen von Herzen danken.

Gestern sang ich das Baßsolo in Beethovens neunter Sinfonie, und heute am Jahresende hatte ich zeitlich die Möglichkeit, Ihre bewegende Aufführung der Neunten aus dem Gewandhaus mitzuerleben. Die ergreifenden und tief menschlichen Worte des anschließenden Interviews veranlassen mich, Ihnen spontan zu schreiben, denn ich fühlte mich unmittelbar in Ihre Antworten einbezogen. Vielleicht hat das schmerzliche Weggehen, das ich damals meiner Intendanz, dem Leipziger Opernhaus, in einem Brief offen begründete, auch einen kleinen Teil auf dem langen Weg zu den heutigen Veränderungen in der DDR beigetragen.

Sie haben mich als jungen Künstler in der DDR gefördert, und ich durfte mit Ihnen musizieren. Leipzig wurde menschlich und künstlerisch meine Heimat, und noch heute fühle ich mich mit ihr verbunden. Deshalb möchte ich gern dem Aufruf an die ehemaligen DDR-Künstler folgen und nun wieder auch in der DDR singen.

31. Dezember 1989 *Thomas T., Kammersänger, Köln*

Leider konnte ich Ihnen nicht persönlich zur Verleihung der Ehrenbürgerwürde der Stadt Leipzig gratulieren. Ich möchte das auf diese Weise nachholen. Bereits am 10. Oktober durfte ich Ihnen im Namen der Stadtökumene für Ihren mutigen Einsatz telefonisch danken. Ich darf das heute noch einmal wiederholen, zumal in den vergangenen Tagen durch die Ereignisse in Rumänien uns erschreckend bewußt wurde, was auch bei uns hätte geschehen können. Das mit verhindert zu haben, ist Ihr bleibendes Verdienst.

31. Dezember 1989 *Günter H., Propst, Leipzig*

Es ist ein einmaliger Fall in meinem Leben, daß ich einem Prominenten schreibe. Wenn ich dazu am letzten Tag des Jahres dieses drängende Bedürfnis verspüre, dann will ich damit meinen Dank und meine Anerkennung für Sie zum Ausdruck bringen.

Ich war zwölf Jahre alt, als der Krieg zu Ende ging. Alles Folgende in diesem Land sah ich als Sühne geschehen für die Schuld, die wir Deutschen am Elend dieses Krieges trugen. Ich glaube, das hat mich und andere gelähmt.

Eine junge Generation hat Mut gezeigt. Dieser Mut allein genügte aber nicht. Im letzten Freiraum Kirche friedlich eingestimmt, ging diese Jugend trotz aktiver Bedrohung auf die Straßen Leipzigs. Dann sah ich Sie und hörte Ihre Worte im Westfernsehen – »ich schäme mich für die Stasi«. Diese Offenheit gab mir, uns, Mut. Im tödlich gefährlichen Moment mit einigen Vertrauenswürdigen das Richtige zu tun – das ist

Ihnen gelungen! Sie haben mir und vielen gezeigt – es lohnt sich, wieder mitzumachen.

31. Dezember 1989 *Horst D., Hennigsdorf*

Im Augenblick liege ich, vom »Tropf« befreit, in einem Bett unserer Chirurgischen Abteilung des Kreiskrankenhauses am Heimatort. Ich bekam Silvester Urlaub bis heute am Nachmittag, und dadurch hatte ich noch Gelegenheit, Ihre und Ihrer Musiker Neunte Sinfonie aus dem Gewandhaus im Fernsehen mitzuerleben.

Ich habe die Neunte oft in meinem 60jährigen Leben gehört, besitze selbst auch Plattenaufnahmen. Ich habe auch neulich die glanzvolle Aufführung Leonard Bernsteins mit den Bayern im Schauspielhaus via Fernsehen mit Bewegung aufgenommen.

Noch nie aber war ich so tief berührt wie gestern. Es geht heute nicht um Wiedervereinigung oder das Gegenteil. Es geht nicht um mehr oder weniger Wohlstand. Es geht allein um eine ganz persönliche Freiheit in Frieden, in Anstand und in Kultur im weitesten Sinne des Wortes.

Daß es in unserem Land so schlecht ging, ist die Folge eines eigentlich unkulturellen Lebens, wenn auch voller Repräsentation. Daß es in unserem Lande so gut ging, ist die Folge von so viel wahrhaftiger Kultur im Leben so vieler Mitbürger.

Wir können nicht heute das Vernünftige in der Geschichte unserer Republik verleugnen. Viele haben nur dem Guten ihre Hand geliehen wie Sie in so beglückender und glücklicher Weise. Werfen Sie diesen Brief weg. Wir brauchen keinen neuen Personenkult, aber wir brauchen Menschen, an die wir uns innerlich anlehnen können. Herzlichen Dank!

1. Januar 1990 *Herbert V., Blankenhain*

Meine Hochachtung vor Ihnen. Ich bin sehr stolz darauf, daß Sie es waren, der am 9. Oktober durch seinen persönlichen Einsatz »Schlimmes« verhütet hat. Jeder weiß heute, daß ein Schießbefehl vorlag und sich die Ereignisse wie in China wiederholt hätten. Sie standen in vorderster Reihe und haben vielen Leipziger Bürgern das Leben gerettet. Nicht nur in der Musikwelt wird Ihr Name weiter glänzen, auch in der Geschichte wird man an Ihrem Namen nicht mehr vorbeikommen können.

Hoffen wir, daß diese unblutige, friedliche Revolution weiterhin ohne Gewalt und Unbesonnenheit vonstatten geht, wenn es auch noch oft Fälle gibt, wo dem Menschen die Reife fehlt!

Schön wäre es, wenn am Ende wieder ein einheitliches Vaterland stünde. Aber dahin ist es noch ein langer Weg, viele wollen es nicht, hüben wie drüben; hoffen wir auf ein friedliches Jahr!

2. Januar 1990 *Richard O., Leipzig*

Ich bedanke mich von ganzem Herzen für die freundlichen Worte, die Sie für mich gefunden haben! Angesichts dessen, was ich sonst über mich lese und höre, dachte ich schon, ich hätte mir mein Leben eingebildet. Sie haben mir ein Stück Seelenruhe zurückgegeben, und ich werde das nicht vergessen.

3. Januar 1990 *Hermann K., ehemaliger Präsident des Verbandes der Schriftsteller der DDR*

Mit diesem Schreiben möchte ich Ihnen einen Text zusenden, zu dem mich die Ereignisse in unserer Stadt in letzter Zeit angeregt haben.

Aufbruch 89

Vorgetreten aus dem Schatten
hemmungslos mißbrauchter Macht,
Menschen, die gelitten hatten,
haben einen Sturm entfacht.

Viele Bonzen mußten gehen,
die sich selbst zu sehr geliebt.
Laßt uns fest zusammenstehen,
daß es neue Hoffnung gibt.

Alle woll'n in Freiheit leben,
Frieden – Freiheit – höchstes Gut.
Darum kämpfen, danach streben
fordert täglich neuen Mut.

Laßt uns pflügen, schaffen, bauen,
forschen für der Menschen Glück!
Dann wird uns die Welt vertrauen –
Deutschlands Einheit kehrt zurück.

Ein Europa mitgestalten –
offen sein der ganzen Welt.
Es soll keine Grenze halten,
die sich gegen Menschen stellt.

Aller Völker Rechte achten,
ihnen Freund und Partner sein.
Die noch heut' in Knechtschaft schmachten,
werden sich wie wir befrei'n.

Bürger, halt' die Augen offen,
neuer Freiheit droht Gefahr!
Es gibt Menschen, die stets hoffen,
daß es wird, wie's vorher war.

Radikale Rechte – Linke,
beide wollen neue Macht,
wollen, daß ins Nichts versinke,
was ein einig Volk vollbracht.

4. Januar 1990 *Eckhart C., Zwönitz*

Findet die Verfolgung von »andersdenkenden« Demonstranten in Leipzig (mit DDR-Fahne) Ihre Zustimmung? Ist das die neue Demokratie, für die Sie so tapfer eingetreten sind?

4. Januar 1990 *Familie G., Berlin*

Ihnen ist hoch anzurechnen, daß Sie einmal als ein Privilegierter ausgesprochen haben, daß Sie nun – da für alle Reisefreiheit besteht – ein ruhigeres Gewissen haben.

4. Januar 1990 *Klaus P., Leipzig*

Erlauben Sie mir, Ihnen ganz herzlich zu der Verleihung der Ehrenbürgerschaft der Stadt Leipzig zu gratulieren.

Sie mögen mir erlauben, ein paar persönliche Gedanken zu äußern. Aus einer doch relativ großen Entfernung, aber durch Rundfunk und Fernsehen eng verbunden, habe ich Ihren persönlichen Einsatz mit dem Gefühl des größten Respektes bewundert. Ein Mann, der es in keiner Weise nötig gehabt hätte, begibt sich in Gefahr und setzt sich mit ein paar Gleichgesinnten an die Spitze einer Bewegung, über der so unvergänglich steht: »Wir sind das Volk!« – In den Tagen um den 7. Oktober 1989 habe ich zweimal in der Vorlesung bei meinen Studenten von der Heldenstadt Leipzig und ihrem Gewandhauskapellmeister gesprochen. Es war für mich ein phantastisch schönes Gefühl, in dieser Stadt meine Heimat zu wissen.

Mit größtem Interesse habe ich Ihr Interview in der ARD gehört, das Sie im Anschluß an die grandiose Aufführung der Neunten Sinfonie gegeben haben. Allerdings kann ich mich des Eindrucks mitunter nicht erwehren, daß die Fragenden keine Vorstellung von dem hatten, wie es in Wirklichkeit mit dem Gesinnungsterror gewesen ist.

4. Januar 1990 *Dr. Günter N., Rostock*

Es war für mich ein schönes Erlebnis, Sie an Silvester am Bildschirm erleben zu dürfen. Hierfür möchte ich Ihnen und Ihrem Gewandhausorchester meinen herzlichen Dank aussprechen. Sie als einer der weltbekannten Künstler haben während der Demonstrationen in Leipzig gekämpft. Die Parolen »Wir sind das Volk!«, »Freiheit, Gleichheit, Brüderlichkeit!« haben in unserer Republik ein breites Echo gefunden. Auch hier in Thale fanden Demos statt. Als ehemals politischer Häftling habe ich gesprochen. Jetzt habe ich das Handtuch geworfen.

Als Tochter eines Kommunisten war ich in meiner Kindheit nicht tragbar, während des SED-Regimes war ich politisch nicht tragbar, im Neuen Forum hier in Thale bin ich auch nicht tragbar, da ich noch nicht rehabilitiert bin. Bin ich noch vor unserem Herrgott tragbar?

Ich war vor kurzem für fünf Tage in Frankfurt am Main, um mich zu informieren. Ich war und bin der Überzeugung, daß ich dort als freier Mensch meinen Lebensabend verbringen kann. Die Ausreiseformalitäten sind für mich bald unerreichbar, denn sie übersteigen meine Kräfte als schwerbeschädigte Rentnerin. Es ist mir klar, daß die jungen Bürger es vorziehen, ohne Ausreisegenehmigung nach drüben zu gehen. Es geht eben alles seinen sozialistischen Gang weiter. Das zeigen ja auch die Gespräche am Runden Tisch und die Demonstration in Treptow gegen Neofaschisten, die ganz und gar dem Sinne der alten SED entsprach. Die Blockparteien gehen ihr weiterhin treu zur Hand, und die Opposition versteht es leider nicht, sich zu profilieren. – Da kann man nur sagen: »Reich mir die Flosse, Genosse!« (Ein Ausspruch der damaligen Roten und Sozis, die gegen einen Zusammenschluß ihrer Parteien waren und hinter Gitter kamen.)

4. Januar 1990 *Gertrud M., Thale*

Mit gespanntem Interesse habe ich zu Silvester Ihr Gespräch im Fernsehen verfolgt. Mit dieser Zuschrift möchte ich Ihnen als Bürger aus dem Tal der Ahnungslosen für Ihre geäußerten Ideen herzlich danken. Während ich Ihnen zuhörte, tauchten zwei Erinnerungen auf: Im Steinsaal des Hygienemuseums in Dresden haben Sie bei einem Silvester-Konzert den Kaiser-Walzer zweimal beginnen müssen. Im Pillnitzer Park halfen Sie mit einer freundlichen Handauflage der Sängerin, den verpaßten Einsatz zu korrigieren. Ihre tröstende Geste ist mir noch in Erinnerung. Das war der Anfang Ihrer Karriere, die auf Können und Fleiß basiert.

4. Januar 1990 *Herbert F., Bautzen*
[»Tal der Ahnungslosen«: die Stadt Dresden und ihr östliches Umland – hier war kein Westfernsehen zu empfangen.]

Ich bin ein Landsmann aus Schlesien. 1923 in einer Bauernfamilie (17 ha) aufgewachsen. Am 11. April 1941 wurde ich eingezogen. Am 26. November 1941 begann die Massenschlacht, aber ich habe niemanden getötet (nicht mein Verdienst). Ich wurde schwer verwundet. Im Dezember 1944 mit einer Hilfsprothese entlassen. Am 26. Januar 1945 bei 26 Grad minus auf der Flucht. Mit Hilfe unseres Ukrainers am 23. Mai 1945 von der Festung Königstein aus wieder im Heimatdorf Merschwitz, Kreis Liegnitz, gelandet. Am 26. Juni 1945 von Polen mit Gummiknüppeln aus dem

Dorf getrieben. Unser Ukrainer war hilflos. Mit 700 000 Schlesiern vom 20. bis 28. Juni 1945 über die Neiße getrieben. 1946 mit meinen Eltern eine Bodenreformsiedlung übernommen. 1961 zwangskollektiviert. Zehn Stück bestes Herdenvieh übergeben. Am 1. Februar 1962 Übernahme eines 10-Hektar-Betriebes. Verholfen dazu hatte mir ein armprothesetragender Kommunist. Ich hatte 1945 und 1961 einen Nervenzusammenbruch. Konnte nie den Verlust des guten Herdenviehs verwinden. Bin mit Leib und Seele Bauer. Am 1. April 1962 erwarb ich einen 10-Hektar-Betrieb von einer Bauersfrau, die alle drei Söhne verloren hatte. Viel schlimmer als unser Schicksal. Wir beide wurden durch Zeitungsannonce und Gebot zusammengeführt. Wir verlebten schöne Jahre mit meiner Frau, zwei Kindern und dieser Bauersfrau. Sie lebte sieben Jahre bei uns. Nach dem Tod meiner Frau ging unser Herdenviehbestand wieder zu den Stalinisten über. Ich hatte Angst vor einem neuen Nervenzusammenbruch. Wir behielten den wunderbar umgebauten Bauernhof mit dem Rest Vieh in der industriellen Viehhaltung. Ich überstand es gut, prägte den Satz »Beim dritten Mal hat man es hinter sich«.

Gestern abend sah ich die Fernsehsendung mit Ihrem Freund. *[Der Komponist Siegfried Matthus stammt aus Ostpreußen.]* Gratuliere Euch beiden, daß Ihr das Heimweh verloren habt. Für mich und viele, viele der 3,5 Millionen DDR-Bürger wird das nicht möglich sein. Zwanzig Prozent der DDR-Bürger stammen von Osten jenseits der Neiße. Für uns bleibt die DDR Wahlheimat. Eines haben wir alle gemeinsam – wir wollen alle irgendwann einmal nach drüben. Dort hätte es Lastenausgleich gegeben, dort gibt es Kriegsopferfürsorge. Wie wir Kriegsbeschädigten behandelt wurden, ist Ihnen sicher bekannt. Ja, gegen Dummheit gibt es kein Mittel. Bin das ganze Vierteljahr mitmarschiert, habe in unserer Kirche zweimal gesprochen.

Wenn sich die SED aufgelöst hätte und Männer wie Modrow und Berghofer an die Spitze gegangen wären, wäre der Umschwung sicher gut und schnell vonstatten gegangen. Aber so wird es ein dornenreicher Weg. Es werden noch Millionen nach der BRD gehen. Und wenn die nicht mehr aufnahmefähig ist, bleibt noch Westeuropa. Ich habe einen Schwager in der Oberlausitz, der war Jungvolkführer, wurde gleich wieder Stalinist. Brachte es zum Kreissekretär der SED in Dippoldiswalde, meine Schwägerin kam in den Kreistag. Mein Neffe ist in der Bezirksleitung der FDJ. Er fuhr mit Jugendtourist und für 90 DM oft nach Westeuropa. Sie marschierten nicht mit, aber waren die ersten, die zweimal das Westgeld hatten. Schreien mit Stefan Heym nach dem »neuen Sozialismus«, meinen aber Stalinismus. Sie haben doch noch die Macht im Zeitungswesen überall. O armes Deutschland. Denselben Weg ging der Jungvolkführer meines Heimatdorfes. Diese Brüder haben kein Heimweh.

Ich hatte nach kurzer Zeit wieder die beste Kuh und Hektarleistung bei Milch im Dorf. Vier Jahre später die beste Leistung im Bezirk Dresden. Ich habe die Zwangskollektivierung überstanden, aber meine guten Kühe nicht. Sie gingen in einem 240er Kuhstall unter.

Sie, Herr Masur, werden hier gebraucht und haben sich so wunderbar bewährt. Vergessen Sie unser Schlesien nicht. Ich habe zwei Kinder, zwei Schwiegerkinder, fünf Enkel. Der Sohn ist Viehzuchtbrigadier und die Schwiegertochter Kindergärtnerin. Die Tochter Kinderärztin, der Schwiegersohn Radiologe, beide haben ihren Doktor gemacht. Wir sind alle noch hier. Aber wenn es ihnen gelingt, den neuen Stalinismus aufzubauen, müssen wir wohl doch noch nach dem Westen. Das habe ich Stefan Heym geschrieben. Wir haben gegen Rache plädiert, aber hinter Gitter hätten die großen Wirtschaftsverbrecher alle gehört. Siehe die anderen Ostblockländer. Sollten Sie mal ins Zittauer Gebirge kommen, dann steigen Sie mal für eine Stunde bei mir ab.

4. Januar 1990 *Alfred N., Maltendorf*

Zu Ihrer Ernennung zum Ehrenbürger der Stadt Leipzig möchte ich Ihnen auf das herzlichste gratulieren. Wir alle haben mit großer Anteilnahme und Hochachtung Ihr Engagement verfolgt. Zur Zeit scheinen Ihre mahnenden Worte fast wieder ebenso wichtig, die Lage wird immer unübersichtlicher.

Persönlich ist man natürlich gefordert, und das finde ich schön und bei allen Problemen für jeden wertvoll. In Neubrandenburg konnte ich mit der Philharmonie aus deprimierenden Probenräumen in die ehemalige Parteischule ziehen, das wird den Kollegen hoffentlich etwas Auftrieb geben.

5. Januar 1990 *Romely P., Dirigentin, Neubrandenburg*

Einen Konzertsaal, in dem Sie dirigieren, betrete ich nicht mehr – schade – »Schuster, bleib bei deinem Leisten«.

Große Sorge um unser Land drängt mich, Ihnen zu schreiben. Wäre es nicht an der Zeit, daß Sie sich von den Montags-Demos distanzieren, und das öffentlich?! Oder stehen Sie noch immer mit Herz und Verstand zu dem, was da jeden Montag passiert? Es ist ja längst nicht mehr das, was es einmal war. Die Schreier, die BRD-Fahnen und nun auch die Kriegsflagge tragen – das alles kommt doch im wesentlichen aus der BRD. Sie, die BRD-Leute, kommen zuhauf per Bahn oder mit Bussen aus der BRD, wie Sie hoffentlich auch wissen.

Wann werden diese Ach-so-DDR-Freundlichen Steine werfen, vielleicht gegen das Gewandhaus? Vielleicht auch gegen Ihr persönliches Haus, weil das ja alles Objekte des Stalinismus sind, nach deren Lesart.

Wie lange noch wollen Sie und Ihre Freunde diesem Treiben zusehen? Es ist schade, daß Sie diese Entwicklung vor der Kamera bagatellisiert haben. Viele Menschen bei uns haben Angst vor den Rechten, bis hin zu den neuen Nazis, die sich da zeigen.

Wie lange wird es noch gehen, daß mutige Jugendliche, die DDR-Fahnen tragen, sich in das Uni-Gebäude flüchten müssen? Kann man angesichts der Dinge nicht sagen, es ist fünf vor zwölf Uhr? Könnten nicht Sie und eventuell Kirchenvertreter dazu aufrufen, in einem dringenden Appell an die Öffentlichkeit treten und sagen – macht Schluß mit diesen Demos! Wohin soll das alles noch führen! Wollen diese Leute unser Land fertigmachen? Merken Sie nicht, daß unser Land bereits bebt?

Die Kulturschaffenden waren zu Beginn der Demos sehr redselig. Hat es ihnen jetzt die Sprache verschlagen? Man hört kaum mehr etwas von ihnen. Ist es etwa so, daß sie die Geister nicht mehr loswerden, die sie riefen? Ich schreibe meinen Namen nicht unter dieses Schreiben, weil man ja nicht weiß, in welche »demokratischen« Hände es kommt.

5. Januar 1990

Ein besorgter Berliner, der sicher die Sorge vieler, vieler Menschen zum Ausdruck bringt.

Nach Ihrem Interview im ZDF, das ich mit großen Interesse verfolgte, ist es mir ein Bedürfnis, Sie aufzufordern, der Opposition noch mehr als bisher mit Ihrer Persönlichkeit »den Rücken zu stärken«. Wir haben in der Bevölkerung zwar breiten Widerhall gefunden, doch in Ermangelung eines guten Repräsentanten droht das Erreichte von der SED vereinnahmt zu werden. Da werfen sich zum Beispiel Fragen auf, warum hat ein Vacláv Havel bei seinem Besuch kürzlich nur mit Vertretern der Regierung gesprochen, deren Funktionäre mit der Verurteilung des Prager Frühlings 1968 doch auch sein Land und seine Persönlichkeit in Schimpf und Schande getreten haben. Er hat nicht den Weg zu einem Vertreter der Opposition gefunden, der ihm doch logischerweise viel näher hätte sein müssen. Denn eine Woche zuvor hat er dieser selbst noch angehört. Liegt das nicht auch an dem Mangel eines »Kopfes« unserer Kräfte?! Hände und Füße haben wir zu Tausenden, wie schon genug unter Beweis gestellt. Bloß sehr, sehr wenige Köpfe, bekannte schon gar nicht. Wen stellen wir der Popularität Modrows entgegen?

5. Januar 1990 *Wolfgang F., Gera*

Die SED-Medien zeigen uns allen, daß ein erbitterter Kampf um die Wiederherstellung der Machtstrukturen begonnen hat, mit Hetze, Verleumdung und massiver Verunsicherung der Bevölkerung. Losungen wie »gegen Wiedervereinigung und gegen die braune Pest« zeigen das. Es gibt aber nicht nur eine braune Pest. Die entscheidende Phase des bisher ungleichen Wahlkampfes hat begonnen. Die weltweit geachtete friedliche Revolution darf nicht verspielt werden. Am 6. Mai müssen die Demokraten und Humanisten als Sieger hervorgehen.

Herr Masur, legen Sie bitte den Taktstock für ein Jahr aus der Hand. Die Opposition braucht eine verbindende Persönlichkeit. Nur Sie sind das. Es gibt keinen anderen. Leipzig muß das wieder in die Hand nehmen, mit Ihnen an der Spitze. Wir alle brauchen Sie.

Unser Vaterland ist Deutschland, in einem geeinten Europa.

Für unsere gemeinsame Sache. Für unsere Kinder.

5. Januar 1990 *Peter H., Cottbus*

Was mich bewegt hat, und weshalb ich mich an Sie wende, ist die Sorge, unter anderem über Ihre Haltung zu den Entwicklungen von Radikalismus, Neofaschismus, Antisowjetismus und Vandalismus. Sie besitzen doch so viel Lebenserfahrung – auch aus der Vergangenheit, nicht nur den letzten vierzig Jahren. Wie ich über die Medien erfahren habe, haben Sie solche verbrecherischen Handlungen verniedlicht bzw. bagatellisiert. Ich bitte Sie darum, diese Einschätzung noch einmal zu überdenken.

5. Januar 1990 *Anonym, Erfurt*

Ich danke Ihnen für Ihre mutigen Worte in der Fernsehsendung. Wir brauchen Ihre Worte und noch viele andere Stimmen, damit unsere Jugend ermutigt wird, in unserem Land zu bleiben.

5. Januar 1990 *Christine H., Leipzig*

Ich möchte Ihnen meine Hochachtung aussprechen, daß Sie im Interview mit dem Vertreter der *heute*-Redaktion des ZDF so viel Haltung und Toleranz bewahrten, obwohl Sie der Gesprächspartner etwa zehnmal massiv auf seine sehr aggressive Argumentationslinie gegen die SED/PDS einschwören wollte. Die Geisteshaltung dieser beiden sich gegenüberstehenden Männer hätte wohl nicht weiter auseinanderklaffen können!

Ich gehöre dieser Partei trotz vieler finsterer Machenschaften vergangener Jahre noch immer an und versichere Ihnen, daß ich ihr nur so lange angehören werde, wie sie ihre wirklich neuen demokratischen sozialen, antistalinistischen Prinzipien aufrechterhält. Bei aller notwendigen Selbstkritik und Distanz und dem verständlichen Mißtrauen gegen Wendehälse gibt es rings um mich eine Menge ehrlicher Streiter um ein neues, menschlicheres Staatsgefüge, in dem jeder Andersdenkende seinen Platz haben muß und pluralistischer Streit und pluralistische Solidarität herrschen sollten. In diesem Zusammenhang danke ich Ihnen noch nachträglich für Ihre zeitige aufrichtige und mutige Haltung vor und nach der »Wende«. Ich habe mich damals sofort brieflich (ans alte ZK) mit Ihnen und den mutigen Bezirksleitungsmitgliedern solidarisiert, nachdem wir Journalisten jahre- und monatelang mit unseren Einwänden gegen die Betonwand gelaufen waren.

6. Januar 1990 *Fred S., Berlin*

Unser aller Hoffnungen ruhen auf Ihnen. Wir danken Ihnen von ganzem Herzen für alles, für alles Wunderbare, für Ihren Mut, Ihren Einsatz, Ihre Besonnenheit, Ihr kluges, weises Engagement. Und nicht zuletzt für Ihre wunderbare Musik, mit der Sie uns immer wieder erfreuen, stärken und neuen Mut geben. Sie riefen uns auf, jeder an seinem Platz und entsprechend seinen Möglichkeiten und Fähigkeiten seinen Beitrag in diesen Prozeß einzubringen, damit das Werk gelingt. Als kleines Dankeschön erlaube ich mir, Ihnen meine Gedanken, die ich in einen Vers gebracht habe, mitzuschicken.

Trennung von der Angst

Nun könnt ihr wieder einmal ohne Angst nicht leben,
nun fürchtet ihr, es könnte eine Vereinigung geben.
Warum macht ihr dieses Verlangen auf Nähe so schlecht?
Hat nicht jedes Volk auf Einheit ein Recht?
Lüge und Betrug beherrschten unser Leben.
Weder ich noch ihr wagtet, die Stimme dagegen zu erheben.

Nun macht ihr uns wieder angst und wollt uns zwingen zu schweigen,
doch wir werden mutig den noch immer Gestrigen zeigen,
daß wir ein Recht haben, ohne Lügen und ohne Angst zu leben.
Wir werden immer und immer wieder unsere Stimme erheben
und fordern, daß das Volk, und niemand sonst, entscheiden soll und
ob unser Weg in die Isolierung oder zur Einheit führt. wird,

Wir wollen, daß ihr das Volk nach seinem Willen fragt
und nicht nachplappert, was irgendein Schriftsteller oder Politiker sagt.
Das Wort und der Wille des Volkes allein sind die Kraft,
die die Entscheidung über die Zukunft unseres Volkes schafft.
Nichts und niemand sonst!

6. Januar 1990 *Karin H., Berlin*

Hiermit möchte ich mich mit einer ernsten Sorge an Sie wenden. Ich bin Rentnerin, Jahrgang 1925 und parteilos, ich bin aber sehr daran interessiert, daß unser ruhiger Lebensabend mit all seinen bisherigen sozialen Vergünstigungen erhalten bleibt.

Als LPG-Mitglieder haben wir von unserer Genossenschaft sehr viel Unterstützung zusätzlich zu unserer Rente erhalten. Ob das aber so bleibt, wenn alle die neuen Parteien und Foren, die jetzt aus dem Boden schießen, unsere bisherige Eigenständigkeit der DDR in Grund und Boden reden (was sie ja tatsächlich tun), das möchte ich sehr bezweifeln, da ja diese Herrschaften zu viel und zu laut nach Vereinigung mit der BRD schreien.

Vor allem wird ja dazu in den westlichen Medien solche Propaganda gemacht und sogar Ihr Name dazu mißbraucht, die Gefahr des Faschismus zu verniedlichen. Im Westfernsehen brachten sie das so – Sie sollen sich so ausgelassen haben, daß von der SED/PDS die Gefahr des Neonazismus überbewertet werde. Ich kann das nicht recht glauben. Sie müßten doch wissen, wie ernst es damit ist: Treptow, Gera, Pirna, Görlitz usw. – hat Ihnen das nicht auch schon zu denken gegeben?

In der BRD wurden doch die Kriegsverbrecher nicht enteignet, ihnen wurden statt dessen noch hohe Pensionen gezahlt, und ihre Erben leben ja dort noch immer. Meinen Sie, daß die umgedacht haben? Sogar dem Blutrichter M. Röder hat man hohe Pension gezahlt. Antifaschisten aber wurden benachteiligt, ganz besonders solche, die durch die KZs gegangen sind.

Die Bürgerinitiativen sind dagegen, daß noch vor dem 6. Mai 1990 eine entsprechende Sicherheitsgruppe bei uns aufgestellt wird, dabei gibt es in der BRD auch den Verfassungsschutz, der sich dort ja auch ganz besonders mit Benachteiligung der Linkskräfte und Bevorzugung der Neonazis befaßt. Auch in unserem Amt für Nationale Sicherheit waren viele Kräfte, die sich nichts haben zuschulden kommen lassen, warum wurden diese entlassen? Erst läßt man mit der Amnestie Betrüger, Diebe usw. ungestraft frei, und dann nimmt man uns auch noch die Schutzkräfte, denn mit dem derzeitigen Stand der Volkspolizei, welche ja zur Zeit so manche zusätzliche Pflichten hat übernehmen müssen, kann man unsere nationale Sicherheit nicht aufrechterhalten.

In all den Gremien, neuen Parteien, Foren sind recht wenig einfache Arbeiter und Bauern vertreten – will man ihnen mal wieder den Sack über den Kopf ziehen und sie nur wieder ausnutzen, wie es im Kapitalismus ja überall zur Genüge geschieht? Ohne Menschen, die das Brot schaffen, können aber auch Künstler und Wissenschaftler nicht leben.

6. Januar 1990 *Helga A., Trebbichau/Fuhne*

Zu Ihren Äußerungen gegenüber Medien betreffend Neofaschismus in unserer Zeit möchte ich meine Gedanken darlegen. Zuvor möchte ich mich vorstellen. Ich bin 26 Jahre alt, Beruf: Sekretärin. Erst im Eisenhüttenkombinat Ost, dann SED-Kreisleitung, schließlich in der FDJ-Kreisleitung beschäftigt. Vom Charakter her bin ich eher eine Phlegmatikerin, sozial sicher – wenn auch nicht immer familiär geborgen – aufgewachsen. Gleichmäßig, ziemlich zaghaft kritisch, dennoch sich bewußt seiend den »roten« Idealen gegenüber, verlief die Zeit, die nun als stalinistisch gekennzeichnet wird.

Erschrocken war ich über früher bewunderte Persönlichkeiten, die unsere »roten« Ideale mißbraucht haben, erschrocken über frühere Gleichgültigkeit, die uns heute all das, was auch wirklich als Errungenschaft bewertet werden kann (soziale Sicherheiten wie kostenlose Bildung, kostenlose medizinische Behandlung – in Polen bereits aufgegeben!) niederreißen kann.

Unsere Partei ist dabei, sich den ehrlichen Genossen wieder zu öffnen, die betrogen wurden, aber dennoch nicht aufgeben wollen, für eine gute Sache (den wahren demokratischen Sozialismus) zu kämpfen. Das müssen wir erst wieder lernen. Alle Achtung denen, die hierfür Kraft genug haben!

Ich habe nie Faschismus erleben müssen. Dennoch: Wie können Sie wirklich meinen, daß solche Tendenzen nur »Erscheinungen« seien, die man nicht überbewerten darf. Hat es denn nicht schon mal so »harmlos« angefangen? Solche Meinungen müssen wie ein Schlag in die Gesichter all der älteren Bürger sein, die Konzentrationslager überlebt haben, die sich heute selbst nicht wehren können, die Schutz durch die Volkspolizei und ein Sicherheitsorgan (Verfassungschutz!) brauchen vor jugendlichen »Republikanern«. Faschos-Fanatikern. Jugendlicher Leichtsinn, Neugierde, Ausprobieren, wie weit Gewalt geübt werden kann, Sich-Austoben – was sind Ursachen für solche Tendenzen? Neben dem Schutz von »potentiellen Opfern« (so möchte ich es mal ausdrücken; ich bin nicht sehr wortgewandt) müssen wir Ursachen nachgehen. Freiheit dort bedeutet Salonfähigkeit von Faschos, denn sie sind auch heute rechte Hand des Kapitals!

Möge unsere Freiheit nie so weit gehen!

Sie sind, Herr Masur, bekannt und beliebt, so daß Sie vor derartigen

Aggressionen geschützt sind und so was nicht erleben, oder denke ich falsch?

6. Januar 1990 *Susanne S., Eisenhüttenstadt*

Es bedurfte offensichtlich weltverändernder Ereignisse, um in den Menschen Orientierungsbedürfnis zu wecken. So auch bei mir.

Obgleich entstandene Fakten unübersehbar sind, vermag ich ihre Realität noch immer nicht zu fassen, zumal ich mich zu den Ausgeklammerten zählen muß. Erst jetzt wird mir in vollem Umfang deutlich, wie weit man der Geschichte, auch der eigenen, zu entlaufen trachtete, als man von Deutschland nach Deutschland rannte.

Eines ist nun allerdings zur inneren Gewißheit geworden: Ich muß zurückrennen, um in diesen Zeiten der Suche, der Neuorientierung, »vor Ort« zu sein und vielleicht ein wenig helfen zu können. Wie und in welcher Form, vermag ich zur Stunde überhaupt noch nicht zu sagen.

Ich schreibe dies heute, weil ich in der verantwortungsvollen Klugheit Deiner Haltung, Deines Redens und Handelns einen Ratgeber für mein Planen empfinde, wie er kompetenter nicht sein könnte.

Es ist Dir in den vergangenen Monaten soviel Kraft für praktizierte Humanität charismatisch geschenkt worden. Mit Dir und ungezählten Menschen bin ich dafür sehr dankbar.

6. Januar 1990 *Prof. Uwe K., Gronau-Epe*

Unser aller Hoffnungen ruhen auf Ihnen. Wir danken Ihnen von ganzem Herzen für alles, für alles Wunderbare, für Ihren Mut, Ihren Einsatz, Ihre Besonnenheit, Ihr kluges, ja weises Engagement. Und nicht zuletzt für Ihre wunderbare Musik, mit der Sie uns immer wieder erfreuen, stärken und neuen Mut geben.

6. Januar 1990 *Cordula R., Berlin*

Wir wohnen hier nahe der Grenze der DDR, wir haben in diesen letzten Wochen Unfaßbares an menschlicher Nähe erlebt – von den Menschen in den grenznahen DDR-Dörfern bis zu den Grenzpolizisten, die uns am

1. Januar mit Neujahreswünschen begrüßten und bei der Rückfahrt sagten: »Kommen Sie bald wieder.«

Wir sind auch bald wiedergekommen, und wir werden über die Kirche Kontakte, menschliche Kontakte, aufbauen zu Meiningen, der uns am nächsten gelegenen Stadt – und wir wollen tun, was in unseren Kräften steht.

6. Januar 1990 *Eberhard O., Bad Neustadt/Saale*

Auf Radio DDR II habe ich am 30. Dezember um 21.30 Uhr die Diskussion um das Geschehen in Leipzig gehört. Ihnen war ein Zuruf einer Dame aus der Bevölkerung aufgefallen – in mittleren oder jüngeren Jahren –, der hinwies auf die vielen Jahre des übermäßigen Druckes und Verzichtes, die ihr Leben zerstört hätten.

Das mag sein. Aber das veranlaßt mich, in dem Zusammenhang auf meine Generation hinzuweisen.

Ich bin Jahrgang 1913. Wir haben den Ersten Weltkrieg durchstehen müssen mit Schwerbeschädigung der Angehörigen, Hunger und Inflation. Es folgten Arbeitslosigkeit, allgemeine Berufsschwierigkeiten und erhebliche Studien-Erschwernisse. (Gesangsstudium, schweres Vorankommen, dreißig Jahre solistische Theatertätigkeit.)

Die bösen Hitlerjahre endeten mit Zerbombung, totalem Zusammenbruch, erneuter Geldentwertung und gravierenden Gesundheitsschäden. Danach war unsere Generation entscheidend am Wiederaufbau beteiligt. Aufbau eines Kulturlebens unter Entbehrungen (Theater in ungeheizten Sälen, Beförderung auf offenen Lastwagen). Dennoch waren wir glücklich, jegliche Wiederaufrüstung wurde verneint, und unser Theaterpublikum war so dankbar!

Später in all den Jahren wurde es immer schlimmer – keine Kur oder ähnliche Hilfe für ältere Menschen, Rentenbetrug, erhebliche Preisanstiege, keinerlei Hilfe, abfällige Behandlung. Man sah ja immer wieder: Die Jugend wurde bevorzugt in jedweder Beziehung! Die Jugend kennt weder Krieg noch Hunger, und dennoch griff die Jugend zu Flucht und Aufbruch. Wir konnten das mühsam Erworbene nicht so rasch hinter uns werfen.

Wir sind die betrogenste Menschengruppe in den Jahren von 1914 bis jetzt. Wir sind abgeschrieben, das macht bitter. Wie sollen wir nach einem ganzen Leben solcher schlimmer Ereignisse überhaupt noch Hoffnung haben? Und worauf? Das, was wir erst als zukunftweisend wähnten, erscheint uns zunehmend zweifelhaft. Uns fehlen Mut und Kraft, helfend mit zu unterstützen.

6. Januar 1990 *Irmgard Pf.-M., Dresden*

Mit Vertrauen wende ich mich an Sie, obwohl ich weiß, daß Sie keine Zeit haben. Mit folgendem:

Als Rentnerin verfolge ich die Dinge derzeit genau. Als Mutter von sieben Kindern packte ich nach dem Krieg mit an, daß es unsere Kinder mal besser haben möchten. Ich trat der SED bei und war ehrenamtlich im Ort tätig. Verfehlungen, die uns jederzeit bekannt waren, habe ich bis an übergeordnete Stellen gemeldet. So war ich den zuständigen Genossen ein Dorn im Auge, man verwarnte mich. Noch im Jahre 1989 sagte der Bürgermeister (ein kleiner Stalin): »Wir haben im Ort eine Bürgerin, die nur an oberste Stellen schreibt. Der werden wir das Handwerk legen!« – Und das öffentlich, in einer Versammlung. Zeitungsartikel von mir wurden nicht veröffentlicht.

In unserem kleinen Ort nahe der ČSSR-Grenze an der Talsperre Rauschenbach gab es große Probleme. Der Faschingsclub hatte das in seiner Feier veröffentlicht – demzufolge wurde die Stasi den jungen Leuten auf die Fersen gesetzt. Im Oktober 1989 ging die Stasi die Häuser ab, wo Kerzen gestanden haben. Wer hat das veranlaßt?

Der Bürgermeister, der in der Zeit der Wende Rechenschaft ablegen sollte, ging zur Kur. Obwohl er zu dem Zeitpunkt noch zu Hause war, konnte er nicht teilnehmen – er müsse seine Jagdwaffen wegbringen.

Gelder von der Gemeinde, die hier nicht Verwendung fanden, gingen an den Kreis zurück für Pfingsttreffen *[das waren Großveranstaltungen der »Freien Deutschen Jugend« in Berlin, die die Verbundenheit mit der Partei- und Staatsführung zum Ausdruck bringen sollten und Millionen kosteten]*. Dagegen waren die Straßen kaum befahrbar. Dafür bekam der Bürgermeister Auszeichnungen – Luxusdampferfahrten und so weiter.

Keiner im Ort traute sich, ein Wort zu sagen, aus Angst.

Ich schäme mich, der Partei und Regierung vertraut zu haben, die unser Land zur Katze gemacht haben. Der Genosse Bürgermeister ist wieder voll im Amt, stolz regiert er weiter. Ruhe ist im Ort. Nichts zuckt sich. Viele der Leute sind der Meinung, die SED habe die Grenzen geöffnet.

Wir danken Ihnen für Ihren Einsatz in Leipzig. Denken Sie an uns! Sonst herrschen hier wieder die alten Zustände, und die Stasi macht uns den Garaus – unter dem Vorwand, da seien Neonazis, können die Alten wieder schnüffeln!

6. Januar 1990 *Ilse K., Neuwernsdorf*

Als Beauftragte unseres Kollektivs schreibe ich Ihnen heute und möchte zum Ausdruck bringen, wie sehr Ihr Fernsehkommentar uns alle berührt hat. Wir sind zwar nur ein kleines Kollektiv, möchten aber aus innerer Überzeugung teilnehmen an dem Aufbruch in Richtung Demokratie.

Blicken wir auf unseren Staatsapparat, so stellen wir fest, daß allüberall noch dieselben Gesichter zu sehen sind! Das trifft auch auf unsere Gemeindevertretung zu. Was sollen wir tun? Können Sie uns Vorschläge bringen?

6. Januar 1990 *Landkulturhaus, Kaulsdorf/Saale*

Ihr Name steht für das Gewandhausorchester und das Gewandhaus. Ohne Sie hätten wir nicht dieses Orchester und sicher auch nicht dieses Haus. Wenn ich vor Jahren als Diplom-Ingenieur aus Böhlen den Bauschutt in diesem Haus mit zusammengekehrt habe, so geschah das aus »Einsicht in die Notwendigkeit«. Heute wäre ich Ihnen zu Ehren mit dem Herzen dabei.

7. Januar 1990 *Werner W., Markkleeberg*

Ich bin Mutter von drei Kindern (6, 14 und 18 Jahre), verheiratet, arbeite als Horterzieherin, und einen Teil meiner knapp bemessenen Freizeit widme ich seit einigen Jahren der Gruppe des Demokratischen Frauenbunds (DFD), um mich dort für die Belange der Frauen unseres Wohngebietes einzusetzen.

Ihr heutiges Auftreten in der Sendung »Denken über Deutschland« bewegt mich zu dem – für mich eigentlich ungewöhnlichen – Schritt, einem Menschen, den ich persönlich überhaupt nicht kenne, meine Gedanken nahezubringen. Aber meine tiefe Bestürzung und die einiger Frauen in meiner DFD-Gruppe hat uns in den letzten Tagen schon mehrfach veranlaßt, mit unseren Gedanken an die Öffentlichkeit zu treten.

Werter Herr Masur! Obwohl kein Musikspezialist, empfinde ich Musik als etwas sehr Schönes und Wichtiges in meinem Leben. Ihre Arbeit, Ihr Auftreten, Ihren weltweiten Erfolg schätze ich hoch ein. Ich bewundere Ihr hohes Engagement in der Zeit der Wende. Ich persönlich fühlte mich in dieser Zeit wie gelähmt. Zu vieles ist in mir (auch als SED-Mitglied) »eingestürzt«. Zu bitter bin ich enttäuscht, von Leuten, denen ich jahrelang vertraut habe, an denen ich zwar manches nicht gutheißen konnte, an denen ich so manches – ihre Art, Politik zu machen, ihre Art des Umgangs mit den Menschen – kritisiert habe, aber das wohl sicher nicht laut genug tat. Denen ich aber nie so viel kriminelle Verwerflichkeit, so viel scheußliche Überheblichkeit zugetraut hätte, wie wir es jetzt erfahren mußten. In mir wechselten Empörung, tiefste Scham, Wut und Verzweiflung. Wie gesagt, ich achte und bewundere *die* Menschen, die bemüht waren und sind, in der Öffentlichkeit neue Wege aufzuzeigen und Unrat zu beseitigen. Vieles Neue habe ich sofort freudig akzeptieren können, manches mußte ich eine Weile »verdauen«, bei manchem zweifle ich auch heute noch, manches scheint mir aber auch über das gute Ziel hinausgeschossen und damit ins »Abseits« zu zielen. Es ist das Normalste, daß jetzt neben vieler Arbeit auch viel Meinungsstreit, viel Diskussion nötig ist und wohl noch länger nötig sein wird.

Sie persönlich schätze ich als einen sehr klugen und engagierten Menschen, dessen Ziel sicher auch eine bessere DDR, ein besseres Leben für unsere Menschen ist, sie haben es längst verdient. Um so unverständlicher, vollkommen unverständlich ist mir der Satz, den Sie heute im Fernsehen sagten. Wenn ich Sie richtig verstanden haben – und das befürchte ich – kritisierten Sie an Radio DDR den Satz über die »braune Pest«?

Eben die Gefahr des Heranwachsens dieser »braunen Pest« hat meine scheinbare Erstarrung gelöst, hat meine DFD-Frauen und mich bewogen, an die Öffentlichkeit des Wohngebietes, an Vertreter des Runden

Tisches in Berlin zu appellieren! Ich weiß nicht, wie alt Sie sind. Aber vermutlich wissen Sie aus der Zeit der »braunen Pest«, die ja schon einmal war, etwas mehr als ich mit meinen 37 Jahren.

Eine solche Eskalation der Gewalt, der Grausamkeit und Unmenschlichkeit, des millionenfachen kaltblütigen Mordens, der Verachtung alles Schwachen und Hilfsbedürftigen, geboren aus unendlicher verbrecherischer Überheblichkeit bleibt in der Geschichte der menschlichen Entwicklung unauslöschlich!

Menschen sind so klug. Kein Tier geht ein zweites Mal in die gleiche Falle. Sind unsere Menschen jetzt dazu bereit? Und das sogar nach einem geschichtlich so kurzen Zeitraum von nur 45 Jahren? Sind Sie bereit, Ihr großes Ansehen, das Sie zweifellos und zu Recht bei den Menschen der DDR genießen, dafür zu verwenden? Alles, was jetzt für uns wichtig ist, wird hinfällig, wenn wir es jetzt aus Leichtgläubigkeit verspielen. Das hat doch nichts, aber auch gar nichts mit einem »konstruierten Feindbild« zu tun!

Über alle demokratischen Wachstumsprobleme (beiderseits) hinweg müssen sich alle vernünftigen Menschen unseres Landes in diesem Punkt unbedingt einig sein. Das erscheint mir für uns alle lebensnotwendig!

7. Januar 1990 *Kerstin Sch., Halle-Neustadt*

Über viele Jahre sind mir die Schweriner Schülerkonzerte und Opernabende unter Ihrer Leitung in Erinnerung geblieben. Möglicherweise liegt der Grund dafür nicht allein in der Musik, sondern in der Art, wie Sie uns Schülern die Kunstrichtung Musik insgesamt erschlossen haben.

Ihr jetziges Engagement in der Leipziger Öffentlichkeit ist in seiner Ausgewogenheit und Zielsetzung nahezu ein Brückenschlag zu meinen prägenden Schweriner Jahren. Wenngleich ich, nach einem Medizinstudium in Leipzig und Erfurt, inzwischen bereits viele Jahre mit meiner Familie hier im Schwarzwald lebe, so möchte ich mir dennoch erlauben, Sie in der Art Ihres gegenwärtigen öffentlichen Auftretens zu bestärken. Neben der Verantwortung für eine positive deutsche Entwicklung möchte ich ein Zeichen geben, das von Herzen kommt.

7. Januar 1990 *Dr. Bärbel W., Lahr*

Obwohl ich, wenn ich Ihnen schreibe, nur die Winzigkeit einer einzelnen Stimme erhebe (die Familie freilich denkt ebenso) und mich diese Tatsache bisher immer einschüchterte, erlaube ich mir doch einmal, diesen Brief an Sie zu senden. Ich hole mir den Mut aus dem Gästebuch meiner letzten Ausstellung. Jede einzelne Stimme bedeutet mir etwas. Es kam mir vor, als würde mir mit großen und kleinen Mosaiksteinchen wieder Kraft zusammengebaut, die das Weiterarbeiten leichter und froher macht.

Sagen wollte ich Ihnen, daß es bei aller Niedergeschlagenheit oder auch Hoffnungslosigkeit hier im Lande beglückend und ermutigend ist, wenn sich Stimmen wie die Ihre erheben, als eine Stimme, die seit Jahrzehnten bekannt und vertraut ist, nicht nur hier im Lande, sondern gewiß auch in der ganzen Welt. Wer sonst könnte ein so tief fundiertes Vertrauen und so viel Anerkennung auf sich vereinen – hier im Land? Die Menschen heute kranken gerade daran, daß ihr Vertrauen immer wieder mißbraucht und verletzt wurde – so lange schon.

Wer besitzt schon den Weitblick und die tiefen Erfahrungen – wer kann schon Dinge, die drohend schweben, erfassen, beim Namen nennen und andere warnen oder aufrufen? Wie Sie die geistigen Schwingungen in der Musik erfassen, so durchdringen Sie auch die Wirrnisse dieser Zeit.

Mir – uns – bleibt, Ihnen zu danken für Ihr Engagement – als einzelne »sichtbare« Stimme freilich – neben vielen, die Ihnen ungesagt zustimmen und dankbar sind.

7. Januar 1990 *H. R. und Frau, Neugersdorf*

Während des gesamten Gesprächs zwischen Ihnen und Gero von Boehm fragte ich mich, wer ist dieser Mensch, der soviel Wahrheiten sagt, ohne jemanden zu kränken. Man spürt den Geist und freut sich, daß es solche Menschen gibt. Vielleicht kommt jetzt das Zeitalter, wo gute Beispiele vertragen, gefühlt und nachgelebt zu werden.

7. Januar 1990 *Dorotea v. Z., Niederlande*

Als musischer Mensch wende ich mich an Sie, die Worte sollen jedoch an das gesamte Gremium gerichtet sein – an alle Teilnehmer des Sonntagsgesprächs vom 7. Januar 1990. *[Am 7. Januar 1990 wurde vom Fernse-*

hen der DDR eine Gesprächsrunde »Denken über Deutschland« ausgestrahlt. Teilnehmer waren Antje Vollmer, Politikerin der Grünen in der BRD; Egon Bahr, Abrüstungsexperte der SPD; Landesbischof der Evangelisch-lutherischen Kirche Brandenburg Dr. Gottfried Forck; Walter Janka, rehabilitierter ehemaliger Verlagsleiter des Aufbau-Verlags; Stefan Heym, Schriftsteller; und Kurt Masur.]

Sehr viele Menschen in Ost und West werden dieses Gespräch verfolgt haben. Es tut wohl, zu wissen, daß sich bekannte Persönlichkeiten um den Fortgang der friedlichen Revolution zum guten Ende bemühen. Auch der Gedanke, basisverbundene Arbeiter mit heranzuziehen, ist zu loben.

Jedoch – in den Betrieben ist der jahrzehntelange, von oben gestattete Trott (auch Schlamperei genannt) noch in Mode. Es sitzen ja die gleichen Genossen an den Hebeln. Sie wollen nach wie vor ihre Ruhe und am Ende des Monats ihr Geld.

Hier hilft nur eines – Investitionen. Und mit diesen ein Treuhänder, der als versierter Kaufmann dafür sorgt, daß die gegebenen Gelder oder Maschinen effektiv wirken. Das heißt im Klartext, daß wir dann auch die ersten Arbeitslosen haben werden! Sie können versichert sein, daß dadurch bei den Beschäftigten die Liebe zur Arbeit (und zum Geld) erstmalig spürbar wird in beweisbaren Erfolgen!

Es sind harte Worte; meines Erachtens ist es jedoch die einzige Alternative zur Gesundung unserer Wirtschaft. Und die muß gesund werden, sollen die Wünsche erfüllt werden. Auch wäre Ihre Arbeit umsonst gewesen.

8. Januar 1990 *Karl St., Radebeul*

Ihre Äußerungen in der politischen Sonntagssendung haben mich in Ängste versetzt. Wo waren Sie zur Zeit der »braunen Pest«? Sie wohnen gewiß wohlbehütet und können nicht nachfühlen, wenn Bürger und ganze Straßenzüge von Rechtsradikalen in Schach gehalten werden! Wie können Sie sich als intelligenter Mensch für solche Auswüchse der Gesellschaft einsetzen und, wie es anklang, fast als zur Wende dazugehörig befinden.

Wir brauchen wieder Sicherheit und Ruhe, ohne Montags-Demo, wo auch Sie die Hand mit im Spiel haben. Wir können jetzt nur durch gute Arbeit unser Volk weiter stärken und nicht sich im ZDF in Positur setzen, wie Sie es tun.

8. Januar 1990 *Anonym, Berlin*

Habe mit meinem Sohn am 7. Januar 1990 das Sonntagsgespräch gehört. Wir fanden es bis auf einige Beiträge konkret und über die zur Zeit bestehenden Verhältnisse aufschlußreich. Es zeigte sich, wer sich wirklich Gedanken macht über unsere Zukunft.

Nicht einverstanden waren wir mit Ihrem Beitrag. Wir mußten uns erst gegenseitig fragen, was Sie eigentlich wollen. Herfallen über die SED/PDS, daß sie noch mitregiert.

Von einem wirklichen und ehrlichen Musiker erwartet man doch eine reale Einschätzung. Denn auf solche Menschen sieht jeder ehrliche Bürger. Trotzdem ich Rentnerin bin und eine einfache Frau, die ehrlich ihre Kinder erzogen hat, höre ich gerne gute Musik. Silvester ist die schönste Zeit für uns, wenn die Neunte erklingt. Deshalb bin ich, so wie auch viele andere Bürger, die eventuell Ihren Beitrag gehört haben, von Ihnen enttäuscht. Die Vorteile haben Sie bis jetzt immer ausgenutzt.

Bis jetzt ging alles friedlich zu, aber in kurzer Zeit kommen die blutigen Auseinandersetzungen. Wie ist dann Ihre Meinung? Ausgetragen wird es auf dem Rücken der einfachen Menschen. Leipzig und Umgebung mit einer revolutionären Tradition – wo ist sie!!!

8. Januar 1990 *Ilse R., Wismar*

Ich habe die zwanziger, dreißiger Hungerjahre erlebt. Die schrecklichen Nazi-Jahre, wo Menschen Zähne rausgeschlagen, Hakenkreuze auf die Köpfe geschmiert wurden und die Menschen aus den Häusern ins KZ geschleppt worden sind. 1944, bei Breslau, brachte die SS, bewaffnet, Kleinstkinder und alte Mütterchen, den Körper mit Lumpen bedeckt und ein Strohbündel und einen Blechnapf auf dem Kopf zum Schutz, in langen Zügen geschleppt.

Nun frage ich Sie – wo blieb der »liebe Gott«? Die Millionen Toten des Zweiten Weltkrieges! Und jetzt habe ich erlebt, wie 18- bis

20jährigen mit einer BRD-Fahne rumbrüllten: »Kommunistenschweine, rote Hunde, wenn wir an die Macht kommen, hängen wir euch auf!«

Sollte Ihnen das nicht was sagen? Ich bin Schichtarbeiter bei Zeiss bis zur Rente gewesen, und wir halten unserer SED die Treue. Und bei uns in Jena haben ganz wenige die SED verlassen. Und erfreulich ist – es gibt schon junge starke kommunistische Gruppen. Weil der »Sozialismus« das bessere ist, für ganz Deutschland!

8. Januar 1990 *Gerhard P., Jena*

Nach der Montags-Demo vom 8. Januar 1990 wende ich mich nun in großer Sorge an Sie. Sie haben sich mit großem Engagement eingesetzt, daß die Demos friedlich verlaufen und zu einer echten demokratischen Erneuerung unserer Republik beitragen sollen. Sie traten für Toleranz und Dialog ein. Ich frage Sie – was ist von diesem humanistischen Anliegen heute übriggeblieben?

Am Montag traten Tausende Mitglieder oder Anhänger der Schönhuber-Partei aus der BRD mit eigenen Transparenten und Fahnen auf und verteilten – nach eigenen Angaben – 25 000 Flugblätter an die Leipziger. Sie forderten die sofortige Wiedervereinigung Deutschlands, d. h. den Anschluß der DDR an die BRD und die NATO. Sie hetzten gegen die SED/PDS und riefen zur Feme auf. Mit ihrem Auftritt prägten sie der Demo weitgehend ihren Stempel auf. Sie erklärten, sie kommen zur nächsten Demo wieder. Mit noch mehr Leuten und noch mehr Transparenten, Fahnen und Flugschriften.

Ich frage mich besorgt – wo soll das noch hinführen? Nichts ist geblieben von den großartigen Leipziger Demos des vergangenen Jahres. Sie wurde für Intoleranz, Nationalismus und Haß mißbraucht. Ich bin kein Mitglied irgendeiner Partei, sondern Humanist. Meine Erfahrung besagt: Die Intoleranten von heute sind die Diktatoren von morgen!

Obwohl Sie sich aus der Politik zurückziehen wollten, was ich verstehe, so sind Sie doch als Ehrenbürger unserer Stadt gefordert, daß diesen äußerst gefährlichen Tendenzen – diesem Spuk – ein Ende bereitet wird. Es wäre doch das Letzte, wenn die Leipziger Demos zu Veranstaltungen von Schönhubers Republikanern würden!

Ich bin für Demos, aber nur, wenn sie den Interessen der Bürger unserer Stadt und unseres Landes für ein friedliches, demokratisches und besseres Leben dienen. Deshalb muß man damit verantwortungsbewußt und sorgsam umgehen.

8. Januar 1990 *Dr. Rudolf R., Leipzig*

Noch von der gestrigen Fernsehrunde beeindruckt, möchte ich Ihnen kurz ein Anliegen vortragen. Also kurz, um nicht Ihre kostbare Zeit zu schmälern.

In dieser Runde müssen kluge Menschen mit Herz sitzen und sprechen. Arbeiter hatten wir genug!!! Es wäre schlimm, wenn ein Sitz von Ihnen an einen ordengeschmückten Arbeiter verlorenginge!

8. Januar 1990 *Ilse B., Dresden*

Als politisch interessierter Mensch habe ich die Bürgerdiskussion am Sonntag mit großem Interesse verfolgt. Ich möchte Ihnen meine volle Zustimmung zu den von Ihnen vertretenen Standpunkten bekunden. Da Sie für mich *die* Persönlichkeit bei dem Veränderungsprozeß sind, möchte ich Ihnen einige Gedanken zu den angesprochenen ökonomischen Problemen darlegen.

Herr Janka und Herr Heym haben mit großer Deutlichkeit gesagt, daß sie nicht in der Lage sind, ökonomische Zusammenhänge und Erfordernisse zu erkennen. Auch die Position von Herrn Bahr ist nicht geeignet, die Probleme zu lösen.

Ich sehe eine Lösung in der Trennung vom sogenannten Volkseigentum, das in der Bedeutung des Wortes nie existiert hat. Die einen wurden zu einem nicht geringen Teil zu Schlamperei und Verantwortungslosigkeit verleitet, für die anderen war es ein gigantischer Selbstbedienungsladen – scheinbar ohne Kasse.

8. Januar 1990 *Reinhard J., Weimar*

Als einer Ihrer vielen Bewunderer habe ich erwartungs- und hoffnungsvoll Ihre Worte am Sonntag in der Bürgerrunde bezüglich des Ideenreichtums der Leipziger Demonstranten aufgenommen.

Montag sah ich dann im ZDF die Losung »Wer die SED/PDS wählt, wählt den Bürgerkrieg«. So eine Losung finde ich nicht ideenreich, sondern geschmacklos, destruktiv, provozierend, schädlich für unsere Entwicklung. Wo ist die von Ihnen formulierte Kultur bei den Leipziger Demonstrationen geblieben? Vom Auftreten der Republikaner ganz zu schweigen.

8. Januar 1990 *Frank D., Berlin*

Gestatten Sie mir, daß ich Ihnen auch im Namen meines Mannes und im Namen vieler Leipziger und anderer Bürger der DDR schreibe. Zuerst möchten wir Ihnen und den anderen Persönlichkeiten Leipzigs für Ihr großes Engagement am 9. Oktober 1989 und auch sonst in dieser politisch bewegten Zeit danken.

Auch wir nahmen an jeder Demonstration teil, und keiner wußte am Anfang, wie es ausgehen würde, und die Angst war grenzenlos!

Inzwischen schreitet die Demokratie, die wir als Bevölkerung überhaupt nicht kennengelernt haben, in kleinen Schritten voran, und die von uns allen so ersehnten und erzwungenen Wahlen stehen vor der Tür, ohne daß sich profilierte Leute als Wahlkandidaten in erster Reihe vorstellen können.

Das ist für die SED/PDS von Vorteil, und gerade das muß verhindert werden, wie auch auf der gestrigen Montags-Demo zum Ausdruck kam!

Wir haben leider keinen Vaclav Havel oder Alexander Dubček, aber wir haben einen Kurt Masur!

Sie, verehrter Herr Professor Masur, haben bewiesen, mit Ihrer Intelligenz, Klugheit, Diplomatie und menschlichen Wärme, daß Sie durchaus in der Lage sind, politische Verantwortung zu übernehmen! Sie besitzen alle Eigenschaften, die ein guter Politiker an der Spitze eines Volkes braucht. Sie kennt man in der ganzen DDR und auf der ganzen Welt! Sie genießen großes Vertrauen und verstehen es auch, auf die Sehnsüchte und Sorgen der Menschen einzugehen! Aus all diesen Gründen bitten wir Sie, ja flehen wir Sie an, bleiben Sie in der Politik und helfen Sie den Menschen in Mitteldeutschland aus der Misere heraus, in die uns die unmenschliche SED geführt hat. Dirigieren Sie nicht nur Ihr geliebtes

Gewandhausorchester, werden Sie bitte unser aller Dirigent – und wenn nur so lange, bis sich profilierte Kräfte gefunden haben.

8. Januar 1990 *Kurt und Renate A., Leipzig*

Als ehemalige Leipzigerin hörte ich davon, daß es bei einigen Leuten zur Umbenennung des Karl-Marx-Platzes Vorstellungen gibt.

So sehr ich für die Revolution war und bin – ich bin Christin, und den Stalinismus fand ich schlimm –, so sehr verehre ich trotzdem Karl Marx, mit dem ich mich während meines Studiums beschäftigt habe. Und so meine ich, daß man den Namen eines Mannes, der sein Leben für die Verbesserung des Lebens der Menschen lebte, nicht zurücknehmen darf.

Herzlich bitte ich Sie, sich dafür einzusetzen, daß es keine Umbenennung gibt. Augustus hat doch nicht so viel für die Menschen getan wie Karl Marx – und einen dritten Namen fände ich auch nicht angebracht.

8. Januar 1990 *Marianne E., Freital*

Ich bin 57 Jahre, Invalidenrentnerin. Ich habe auch vierzig Jahre lang versucht, einen kleinen Beitrag zur Schaffung einer sozialen und gerechten Gesellschaft zu leisten. Jetzt bin ich sehr traurig und enttäuscht, andererseits freue ich mich aber auch sehr über die guten und ehrlichen Entwicklungen in den letzten Monaten.

Trotzdem ich kein Musiker bin, ja von Musik fast nichts verstehe, habe ich große Achtung vor Ihnen, der weltbekannt und geehrt wird bzw. ist. Ich danke Ihnen auch sehr für Ihr Engagement, die Revolution bei uns friedlich verlaufen zu lassen.

Seit einiger Zeit höre ich Ihre Äußerungen und die Kommentare dazu im Westfernsehen, aber mit wachsender Besorgnis. Ich nehme es jungen Menschen nicht übel, wenn sie im Überschwang von Gefühlen manchmal nicht mehr wissen, was sie reden. Sie sind aber in einem Alter, der die fürchterliche Grausamkeit der Nazis noch aus eigener Erfahrung kennen müßte und wissen müßte, wie schnell sie wachsen und mit großer Gewalt herrschen können.

Ich finde es deshalb nicht gut, wenn Sie bestimmte Dinge, die jetzt bei uns in dieser Richtung passieren, verharmlosen. Es geht doch nicht nur um die Schändung von Gräbern und Denkmälern, was schon sehr, sehr schlimm ist. Es geht auch darum, daß auf Leipzigs Straßen und anderswo geschrien wird »Schlagt die Roten tot!« u. ä., daß einwandfrei als nazistisch erkanntes Argumentationsmaterial in großen Mengen verteilt wird usw. Ich finde es ungeheuerlich, daß ein Kirchenvertreter im Fernsehen sagt: »Vielleicht waren es auch ehemalige Stasi, die die Gräbmäler schändeten...«, und Sie daneben sitzen und nichts dazu sagen.

Ich frage mich – wo waren denn die Parteien und Bewegungen am 3. Januar, die jetzt der SED/PDS diese so wichtige Veranstaltung als Wahlkampf vorwerfen? Wenn sie alle daran teilgenommen hätten, hätte die SED/PDS diese Möglichkeit gar nicht gehabt. Es ist unverantwortlich, einer so wichtigen Demonstration aus wahltaktischen Gründen fernzubleiben, und hat diesen für unsere Demokratie so wichtigen Parteien sehr geschadet.

Ich bitte Sie sehr, Ihrer Verantwortung, die Sie nun auch für die Politik übernommen haben, gerecht zu bleiben. Viele Menschen hören auf Sie. Bleiben Sie bitte objektiv! Nochmals vielen herzlichen Dank für Ihr Wirken!

8. Januar 1990 *Helga R., Strausberg*

Ich habe Sie gestern im Fernsehen gesehen und auch gehört. Ihre Art und die Worte gefielen mir sehr, und da ich mir große Sorgen um die Zukunft unseres Volkes mache, möchte ich Ihnen schreiben.

Ich bin Friseurmeister in Annaberg, 1929 geboren. Mit großer Sorge verfolgen ich und viele, viele Bürger die Entwicklung der letzten Tage. Ich stelle mir die Frage – hat unsere friedliche Revolution bereits den Kampf um eine freie Gesellschaft verloren?

Die Partei, welche uns vierzig Jahre lang belogen, betrogen und unterdrückt hat, ist immer noch an der »Macht«! Trotzdem das Volk sie nicht mehr haben will! Macht geht vom Volk aus – doch man denkt nicht daran, so viel Gewissen zu zeigen, um dem Willen des Volkes zu entsprechen.

Dagegen versucht man bereits wieder, unser Volk durch Ablenkungsmanöver (Gefahr von Rechts) und andere Dinge einzuschüchtern, zu verunsichern und zu belügen! Die Masse unseres Volkes sind keine Faschisten, auch nicht die, welche schon bald die Einheit des Landes wollen.

Die große Gefahr kommt im Augenblick mehr von links! Haben wir schon wieder vergessen, daß erst vor wenigen Tagen in Rumänien 60 000 Menschen sterben mußten, und das waren die Linken, unsere jahrelangen »Freunde«.

Man wird kein anderer Mensch, wenn man seinen Namen ändert, aus einem Adler wird kein Papagei, auch wenn man ihn bunt anmalen würde!

Viele unserer Menschen haben Angst vor der Zukunft in unserem Land. Aus Hoffnung ist wieder Angst geworden. Viele wissen nicht, welche Partei sie wählen sollen (man sagt zwar, auf keinen Fall die SED). Aber wen sollen wir wählen? Diese Frage ist leider durch das Versagen der alten Parteien und der noch zu schwachen neuen Parteien berechtigt.

Trotzdem müssen wir den demokratischen Kräften eine Chance geben und mit der Demokratie erst einmal beginnen. Demokratie müssen wir erst noch lernen. Ja, selbst Menschen, die in unserem Lande weit über fünfzig sind, haben noch nie etwas mit Demokratie zu tun gehabt. Deshalb brauchen wir auch fähige Leute, die da helfend eingreifen. Wir wählen nicht nur Parteien, wir entscheiden über Freiheit oder Diktatur!

Sehr geehrter Herr Masur, ich hoffe, daß Sie auch weiterhin für eine freie Gesellschaft in unserem Lande eintreten und auf der Seite des Volkes stehen.

8. Januar 1990 *Hans H., Annaberg-Buchholz*

Zweimal schaute ich mir die Sendung an, wobei Sie auch schöne Sätze sprachen. Ich muß Ihnen sagen: Die ganze Nacht konnte ich auch mit Tabletten nicht schlafen. Da ich fest annehme, daß Sie weiterhin in jedes Gespräch eingeflochten werden, wende ich mich sehr verzweifelt an Sie.

Ich bin seit einem Jahr Rentnerin, obwohl ich keine hohe Rente habe, doch als Verkaufsstellenleiterin hat man recht gut verdient, und so habe ich sehr gespart, bin nie zum Friseur gegangen usw., und so geht es mir jetzt recht gut.

Nun, nach den Ausführungen des sympathischen Herrn Bahr, wird sicherlich unser Spargeld eingefroren oder vielleicht verfallen. Da bleibt einem ja nur der Gashahn übrig. Die jungen Menschen können arbeiten und sich wieder Geld anlegen und sparen. Wir Alten dürfen nochmals einbüßen – das schwer ersparte Geld von meiner Mutter verfiel schon einmal.

Bitte verhindern Sie, daß uns noch mal das Geld genommen wird. Ich bin alleinstehend, man muß einen Notpfennig haben, wenn man einmal krank wird. Ins Heim will ich nicht. Ob man Rentner nicht mag? Bitte entscheiden Sie gut!

8. Januar 1990 *Dorothea W., Wurzen*

Nach Anhörung der gestrigen Fernsehsendung im Zweiten Programm mit Ihrer Anwesenheit möchte ich Sie bitten, an weiteren teilzunehmen und genau so zu diskutieren. Das ist die beste Orientierung für das Volk vor der Wahl.

Das schreibt Ihnen eine einfache Frau, jetzt Rentnerin, auch im Namen meines Mannes. Wir haben nach 1945 als einfache Bauern ehrlich für das erste Brot schwer gearbeitet. Jetzt sind wir in Sorge um unser Land, wo unsere vier Kinder und vier Schwiegerkinder noch jeden Tag arbeiten, in Verantwortung auf unterster Ebene, und sie nicht wissen, wo es richtig langgeht.

8. Januar 1990 *Ingeburg M., Spremberg*

Am 7. Januar hörte ich Ihre Äußerungen in der Gesprächsrunde unseres Fernsehens. Diese Äußerungen lösten bei mir und meinen Arbeitskollegen tiefe Empörung aus. Bisher hatte ich Sie als einen Menschen geachtet, der zu Toleranz und Besonnenheit neigt. Was Sie im Fernsehen zur SED/PDS gesagt haben, ist doch wohl auch die Neuschaffung eines Feindbildes ... Als Dirigent eines weltbekanntes Orchesters schlagen Sie nun den Mitgliedern der SED/PDS mit dem Dirigentenstab ins Gesicht.

Ich mußte in meiner eigenen Familie folgendes erleben: Mein Vater, 81jährig, ging von Montag bis Freitag zum Mittagessen für eine Mark, er trug bis zum zu schildernden Ereignis das Abzeichen der SED.

Da wurde er von drei Familienvätern angepöbelt, ja, man riß ihm das Abzeichen ab, spuckte ihn an und sagte: »Dich roten Opa müßte man eigentlich vergasen, na warte, Sachsenhausen ist ja nicht weit!« Einer von diesen Leuten hat inzwischen das Land verlassen und hat seine Frau mit Kind im Stich gelassen, er hinterließ: »Ich steuer' das aus Deutschland, diese rote Zone muß fallen.« Das soll reichen, zur Volkspolizei gehe ich nicht, weil dort Mitglieder des Neuen Forums Leute beim Reingehen kontrollieren.

Nun lebt mein Vater in einem geistig umnebelten Zustand. Ich bin parteilos und werde es bleiben. Doch meine Eltern sahen sich schon einmal Mißhandlungen ausgesetzt, nur weil meine Mutter nicht den Hitlergruß anwandte. Mein Vater fragt nun jeden Tag: »Sind die Nazis wieder an der Macht?«

8. Januar 1990 *B. B., Berlin*

Ich bin Verehrerin Ihrer Musik und kenne Sie seit Ihrer Dresdner Zeit aus den fünfziger Jahren.

Besondere Hochachtung möchte ich Ihnen, auch im Namen vieler anderer, vor allem deshalb aussprechen, weil Sie sich mit Herz und Verstand für eine vernünftige Lösung in unserem Prozeß der Umgestaltung einsetzen, und zwar mit Vorstellungen, die wir alle voll akzeptieren können (Fernsehsendung am 7. Januar, »Bürgerrunde«). Bitte, lassen Sie nicht nach in diesem Engagement! Ihr Wort hat Gewicht!

8. Januar 1990 *Eleonore L., Spremberg*

Ihre Worte im Fernsehen haben sicher vielen Menschen in der Republik wieder Mut gemacht, denn ich sehe im Augenblick Bedrohung von rechts und von links.

Ich bin nur Hausfrau und wohne weitab vom Schuß in der Märkischen Heide, verfolge aber mit großer Aufmerksamkeit das politische Geschehen. Es ist doch ganz klar, daß wir nicht für den Neonazismus oder dergleichen sein können und diese Entwicklung auch nicht um sich greifen darf. Aber auf keinen Fall möchte ich ein neues Amt für Staatssicherheit. Die Angst sitzt noch zu tief in uns. Da gibt es doch sicher bei gutem Willen andere Möglichkeiten der Kontrolle. Angefangen über Aufklärung in Elternhaus und Schule; weiterhin in Zusammenarbeit aller Gruppen, Parteien, Polizei und Bevölkerung.

Ich muß Ihnen gestehen – als ich die Demonstration am Treptower Ehrenmal gesehen habe, ist mir eine Gänsehaut übergelaufen. Es geht schon wieder los, der Schrei mit geballter Faust nach der Einheitsfront, ganz nach dem Motto: »Bist du für den Frieden, dann bist du für die DDR!« Ich habe schon viele Bekannte gesprochen, die die gleichen Ängste haben.

Vielleicht müßten auch die Montags-Demonstrationen in Leipzig, die ich für unerläßlich halte, etwas gedämpfter, aber bestimmt weiterhin, ablaufen, damit niemand Grund hat, immer noch lauter zu werden.

Ich möchte Ihnen danken, daß Sie sicher vielen aus dem Herzen gesprochen haben, ebenfalls den Leipzigern für ihr mutiges Eintreten.

8. Januar 1990 *Irene B., Borkwalde*

Sie haben sich in selbstloser Weise verdient gemacht um die friedliche Revolution in unserem Land, Sie haben sich allgemein große Achtung erworben. Auch in der Gesprächsrunde im Fernsehen am gestrigen Tage haben Sie wieder mit klaren und wahren Worten der Masse unseres Volkes aus dem Herzen gesprochen. Das erneute Machtstreben der SED, die Verteufelung Andersdenkender durch diese Partei, die uns vierzig Jahre lang die Freiheit geraubt und uns schließlich an den Rand des Abgrunds geführt hat, die neuerliche Erzeugung von Feindbildern, und das in schamlosester Weise – das alles läßt neue Ängste aufkommen, wir alle könnten doch noch um die Früchte der friedlichen Volkserhebung gebracht werden.

Ihre Stimme, Herr Professor Masur, wird von der großen Mehrheit des Volkes gut verstanden. Ihnen gebührt Dank und Anerkennung für Ihren Einsatz und für Ihre Haltung. Sie sind wider Willen, wie Sie gestern sagten, aber unter dem Zwang der Verantwortung in ernster Stunde auf die politische Bahn gelangt. Bleiben Sie jetzt aber auf dieser Bahn, obgleich Sie, wie man wohl weiß, von Ihren sonstigen Pflichten voll beansprucht werden. Diesen Wunsch breiter Bevölkerungskreise darf ich Ihnen wohl in aller Bescheidenheit ans Herz legen. Erheben Sie weiter Ihre Stimme für Gerechtigkeit, Toleranz und Frieden, für einen sauberen Kampf um die Freiheit und gegen die aufkommende Demagogie der überlebten alten Kräfte. Ihre Stimme hat Gewicht und wird gebraucht und gehört!

8. Januar 1990 *Erwin W., Greifswald*

Die Fernsehsendung am 7. Januar 1990 um 19 Uhr im Zweiten Programm veranlaßt mich zu diesem Brief. Sie kritisierten dort die SED/PDS wegen des Auftretens auf der Kundgebung am sowjetischen Ehrenmal. Ich frage mich nun: Warum die SED/PDS? Es haben doch auch Vertreter von anderen Parteien gesprochen! Sie gebrauchten die Worte »Feindbild«, »nicht ohne Feindbild leben«...

Ich möchte mich Ihnen etwas vorstellen. Ich bin als Arbeiterkind 1922 geboren worden. Wir waren fünf Kinder und haben das Trocken-Brot-Essen lernen müssen. Mitschüler haben mir auch mal ein besseres Frühstücksbrot mitgebracht bzw. haben mit mir geteilt.

Als ich den Krieg im Februar 1945 überstanden hatte, habe ich mir geschworen: »Wenn ich noch mal nach Hause komme, tue ich alles, damit sich so etwas nie wiederholt.« So bin ich auch unmittelbar nach der Rückkehr aus der Gefangenschaft 1948 sofort in die damalige SED eingetreten, und ich war kein Mitläufer. Selbstverständlich bin ich jetzt Mitglied der SED/PDS. Fachlich konnte ich mich unter der Arbeiter- und Bauernmacht zum Ingenieur durch Zusatzstudium qualifizieren.

Ich frage Sie, warum werden solche Schändungen getan? Was sind das für Menschen, die keine Achtung vor den Toten haben?

Mir ist die deutsch-sowjetische Freundschaft Herzenssache. Sie basiert auf Erlebnissen. Ich verneige mich vor den vielen Widerstandskämpfern und gefallenen Sowjetsoldaten. Sie sind mir heilig.

Sie werden nun verstehen, was in mir vorgeht, wenn ich derartige Bilder sehe, von ihnen höre oder lese. Meine Frau muß mich dann immer beruhigen. Es kommen mir unauslöschliche Erinnerungen. Ich will die Ihnen schreiben.

Meine Mutter ging mit mir Schuhe kaufen. Wir gingen zu einem Juden, dort waren sie billiger. Wir waren noch beim Anprobieren, da stürmte ein Trupp SA-Leute ins Geschäft. Meine Mutter hatte den NS-Mutterorden angelegt, und das war unser Glück. Ich höre heute noch die Worte: »Eine arische Mutter kauft nicht bei einem Judenschwein, schnell raus!« – Sie begannen den Laden zu demolieren, und wir flüchteten. Ich habe das damals nicht verstanden.

Oder: Unser Arbeitermandolinenbund hörte auf zu existieren, nachdem wir zur Probe kamen und sehen mußten, daß alle unsere Noten zerrissen waren und der Schrank total zerschlagen wurde. Ich noch als Kind, das sehr gern Musik gemacht hatte, konnte das nicht begreifen. Es gibt noch mehr, was ich damals nicht begreifen konnte. Sie werden nun verstehen, wenn ich Ihnen schreibe: Wehret den Anfängen, ehe es zu spät ist!

Ich frage Sie: Was ist ein Feindbild, wo kommt es her, wer hat es verursacht? Ich habe es in meiner langjährigen Tätigkeit als Propagandist nie gebraucht und auch nie gebrauchen müssen. Sie wissen – wenn eine Disharmonie nicht in die Harmonie paßt, hat einer falsch gespielt.

8. Januar 1990 *Harry G., Blankenfelde*

In der sonntäglichen Runde im Fernsehen sprachen mich zwei Punkte besonders an, zu denen ich gern Stellung nehmen möchte.

Zum ersten: Herr Bahr fiel leider in einem denkbar ungünstigen Moment mit einer Rechtfertigung in eigener Sache ins Gespräch, so daß die Reaktion auf Ihre so wichtigen Worte über Grabschändung, Feindbildschaffung usw. verlorengingen. Das haben wir alle bedauert, die wir diese Sendung verfolgten.

Ich bitte Sie deshalb von Herzen: Ermüden Sie nicht, wiederholt Warnungen vor Überbewertung auszusprechen, wo es nötig ist, und auf einen Wahlkampf mit solch schändlichen Mitteln aufmerksam zu machen.

Ihre Worte haben Gewicht. Das Volk verehrt Sie nicht nur, sondern es hört auf Sie.

Zum zweiten: Herr Janka regte an, Arbeiter in die Runde zu holen. Ich frage – warum? Sollten wir nicht dankbar sein über den Kreis Intellektueller aus verschiedenen Richtungen, die befähigt sind, mit Worten eine neue Zukunft zu erkämpfen für uns alle? Steht nicht auch an der Spitze der Arbeiterpartei ein Rechtsanwalt? Er wurde gewählt, weil man dessen Redegewandtheit, gepaart mit seiner Einstellung, wohlweislich erkannt hat. Die Meisterschaft eines Arbeiters liegt in seiner Geschicklichkeit, sonst hätte er nicht den Beruf eines Drehers, Maurers oder was weiß ich gewählt. Auch dies sind Berufe, ohne die wir gar nicht leben könnten; aber sie sind anders zugeordnet als die Arbeit eines Schreibtischmenschen.

Hören wir doch endlich auf mit Gleichmacherei. Jedes ist nicht für jeden. Ich fühle mich auch nicht übergangen oder gar beleidigt, daß ich nicht als Haus- oder Geschäftsfrau an Ihren Gesprächen teilnehmen kann. Mitkämpfen aber kann jeder, er muß sich nur melden. Ich habe es schon mehrfach und nicht ganz nutzlos getan mit der Feder.

Um Mißverständnissen vorzubeugen: Es gibt für mich aus meiner christlichen Haltung heraus keine Auf- oder Abwertung eines Menschen, aber eine gewisse Zuordnung respektiere ich, wenn etwas Ordentliches für uns herausspringen soll. Wir haben keine Zeit mehr zum Experimentieren. Wir müssen auf schnellstem Wege herauspicken, wo immer wir einen Menschen vermuten, dessen Persönlichkeit, geistige Reife und mitmenschliches Empfinden Gewicht hat. Es geht um unser aller Zukunft.

Mit Grausen blicke ich in der Vergangenheit auf Fakten, die niemand vom Tisch wischen kann: Hitler – war Anstreicher, Stalin – war Maurer, Honecker – war Dachdecker.

Allein diese drei »großen« Männer fühlten sich als weltweite Politiker, ohne zu erkennen, daß ihr Intellekt überfordert war und sie der Aufgabe in keiner Weise gewachsen waren. So führten sie die Gewalt ein und führten ihre Völker an den Abgrund. Wären sie bei ihrem »Leisten« geblieben, hätten sie vielleicht eine Meisterschaft erreicht und vielen Menschen geholfen, die nicht mit diesen Geschicklichkeiten begünstigt waren.

Sehr verehrter Herr Professor, sehr gut getan haben mir auch Ihre Ermahnungen zur Liebe. Es kann nicht oft genug ausgesprochen werden, daß es noch etwas anderes auf der Welt gibt, was gepflegt werden sollte, als Machtansprüche.

Haben Sie Dank für Ihren persönlichen Einsatz, und verlassen Sie uns nicht. Wir blicken voller Hoffnung auf Sie.

8. Januar 1990 *Irmentraud P., Zittau*

Wir sind nur eine Genossenschaftsbauernfamilie, die doch am wenigsten berühmt werden. Doch unsere Arbeit wird täglich verlangt – wird nicht gefüttert und gemolken, sieht die Versorgung wohl sehr schlecht aus. Wir müssen von Montag bis Sonntag arbeiten, und das meistens Monate hindurch.

Ich bin 59 Jahre und habe schon viele Stürme mitgemacht, aber so ein Chaos wie jetzt gab es noch nie. Es weiß doch keiner, wie es wohl weitergehen wird. Es soll mir einmal jemand sagen, ob es unserer Jugend schlechtging oder wie sie jetzt dazu beiträgt, mitzuarbeiten. Wer arbeitet am meisten – das ist die ältere Generation. Es können doch nicht nur Forderungen gestellt werden, oder wenn es dann nicht so ist, bleibt alles stehen und liegen, und es wird in die BRD abgereist. Ist das ein Ausweg? Nein, jeder muß Hand anlegen, daß es wieder eine ansehnliche DDR wird. Wer in der BRD nicht arbeitet, hat auch nichts!

Jeder muß mit anpacken und nicht nur reden und Ansprüche stellen, alles gleich zu verändern – bis jetzt hat keiner etwas gesagt, jeder hat gekuscht und den Vorgesetzten von unten bis zum Staatsrat noch Geschenke gemacht. Und jetzt ist alles vergessen?

8. Januar 1990 *Gertrud R., Heroldshof*

Ich habe kürzlich im Fernsehen ein Interview mit Ihnen gesehen, in welchem Sie gefragt wurden, warum Sie in früheren Jahren sich nicht gegen das Regime in der DDR gewehrt haben, sondern statt dessen durch Auslandsreisen sich mit Ihrem Orchester dazu hätten mißbrauchen lassen, Propaganda für dieses Regime bzw. diesen Staat zu machen. Ich glaube bemerkt zu haben, daß Sie sich nicht in der Lage sahen, diese Frage zu beantworten. Aus eigenem Erleben heraus – ich bin 1926 geboren und habe daher die Nazizeit, wenn auch anfangs als Kind, bewußt erlebt – möchte ich zu dieser Frage Stellung nehmen, obwohl sie nicht an mich gerichtet ist und obwohl ich sie natürlich auch nicht für Sie beantworten kann.

Ich habe nach dem Krieg die Auseinandersetzungen zur gleichen Frage, bezogen auf die Personen Furtwängler, Gründgens, Marianne Hoppe usw. gehört, und ich weiß, daß heute immer noch in der Bundesrepublik die Meinungen über das Verhalten dieser und anderer Künstler in der Nazizeit geteilt sind. Sicherlich wird man nicht alle diese ins »Zwielicht« geratenen Künstler gleich beurteilen können, aber im Falle

Furtwängler und Gründgens bin ich der Meinung, daß selbst dann, wenn sie sich des Mißbrauchs durch das Naziregime bewußt gewesen sind, man ihnen zu danken hat, daß sie in Deutschland geblieben sind und ihren Beruf engagiert ausgeübt haben. Ich bin sicher, daß nicht nur für mich, sondern für viele Deutsche in der damaligen Zeit es zum »Überleben« notwendig war, sich in die Kunst zu flüchten. Es ist so einfach zu sagen: Warum kein Widerstand, warum kein Aufstand, warum keine Demonstration. Nur diejenigen, die eine Diktatur der Nazizeit erlebt haben, können beurteilen, wie Angst, Abscheu und stille Hoffnung auf ein Ende dieser Zustände die in der Diktatur Lebenden gelähmt haben, sich mit ihr offen auseinanderzusetzen. Wer also nicht emigrieren konnte, dem blieb nur die innere Emigration, beispielsweise diejenige in die Kunst. Ich bin mit fünfzehn Jahren Flakhelfer geworden und habe fast jede Nacht bis zu meiner Einberufung zur Wehrmacht im Juli 1944 am Flakgeschütz gestanden und nach zwei Stunden Schlaf die Schule absolviert und nachmittags die üblichen »soldatischen Pflichten« erledigt. Wir hatten in unserer Baracke ein Radio und damit die Möglichkeit, in unseren freien Stunden klassische Musik zu hören. Wir konnten an dienstfreien Tagen das Theater besuchen, Konzerte hören und aus der Stadtbibliothek Bücher ausleihen, die uns in eine andere Welt führten als die, in der wir lebten. Ich hatte Zugang zum Musikzimmer meiner Schule und konnte an dienstfreien Tagen dort Schallplatten hören und über ein gutes Radio viele Sender empfangen. Ich verbrachte dort viele Stunden allein, hörte die Neunte Sinfonie von Beethoven, dirigiert von Furtwängler, hörte die Matthäuspassion und entdeckte damals meine tiefe Zuneigung zu Bach, die mir bis heute verblieben ist. Ich habe sogar 1944 eine Aufführung der »Kunst der Fuge« im Stadttheater Düren gehört, dort auch die Neunte von Beethoven und schließlich im Bonner Münster mit Karl Erb die Matthäuspassion.

Unausdenkbar wäre für mich die Folge der Entscheidung aller Künstler in der Nazizeit in der Form gewesen, in die innere oder äußere Emigration zu gehen, indem diese ihren Beruf nicht mehr ausgeübt hätten. Das Nazi-Reich wäre deshalb sicherlich nicht zusammengebrochen, wohl aber sicherlich vielen, die unter dieser Zeit gelitten haben, der Lebenswille erstorben und vielleicht auch bei manchen die Gleichgültigkeit gegenüber dem Terror entfacht worden.

Ich bin daher der Überzeugung, daß gerade dann, wenn ein Volk geknechtet wird, die Künstler, die Literaten und die Wissenschaftler, auch wenn sie nicht offen opponieren können, in der Lage sind, durch die Ausübung ihres Berufes den Hoffnungskeim zur Wiederherstellung der Freiheit zu erhalten, und ich bin der Überzeugung, daß die Wirkung dieses Tuns gewaltig unterschätzt wird.

Ich möchte daher – sehr geehrter Herr Masur – Ihnen danken, daß Sie ausgehalten haben, dieses Regime zu ertragen und gleichwohl Ihrer künstlerischen Berufung innerhalb des Regimes gefolgt sind. Ich fände es sehr gut, wenn Sie trotz Ihrer so offenkundigen Bescheidenheit dies auch öffentlich aussprechen würden. So wie niemand auf die Idee käme, daß Emil Gilels durch seine Konzerte im Ausland versucht hat, das Stalin-Regime hoffähig zu machen, so wenig haben Sie dies sicherlich gewollt. Denken Sie immer an die vielen Menschen, die aus Ihrer Musik Hoffnung geschöpft haben, daß es noch etwas anderes gibt als Diktatur, Terror und Planerfüllung.

Jetzt aber scheint mir entscheidend zu sein, daß die DDR – gleichgültig, ob eine Vereinigung zwischen ihr und der BRD erfolgt – alles das bewahrt, in welchem sie der BRD überlegen ist, und alles das verbannt, was ihre Freiheit beeinträchtigt hat. Ich brauche Ihnen sicherlich nicht näher darzulegen, daß die BRD in wesentlichen Teilen eine Konsumgesellschaft ist mit allen Nachteilen, wohl aber auch eine demokratische Gesellschaft mit allen Vorteilen. Die DDR könnte – wenn sie dem Konsumgedanken der BRD nicht erliegt – dazu beitragen, das soziale Gewissen und die Kultur eines gesamten Deutschlands zu bereichern – entweder als Gegenpol, oder in der Gemeinschaft. Das scheint mir aber nur möglich zu sein, wenn – ähnlich wie in der Tschechoslowakei – als Staatsoberhaupt ein Mann von geistigem und künstlerischem Format mit gleichwohl politischem Gewicht an die Spitze dieses Staates tritt. Daher die Bitte: Kandidieren Sie für das Amt des Staatsoberhauptes.

8. Januar 1990 *Hans L., Köln*

Sie sind seit langem unserer Familie aus den Fernsehkonzerten bekannt und vertraut. Selbst meinem achtjährigen Enkel sind Sie seit seinem dritten Lebensjahr als der gewaltige dirigierende »Onkel« Kurt Masur bekannt. Es ist bei uns üblich, zu jedem Jahreswechsel Ihr Orchester mit der »Neunten« zu hören und zu sehen. Auch zum Empfang des Jahres 1990 war es wieder ein Genuß, dieser kraftvollen Musik, gesteuert von Ihren Händen, zu lauschen. Wie gut auch, die Eindrücke bezüglich Ihrer Person mit dem maßvollen Vorgehen in Leipzig anläßlich der Wende verbinden zu können. Das alles war notwendig und hatte durch Ihren Einsatz einen glimpflichen Verlauf genommen.

Jetzt jedoch sehe ich leider einen gefährlichen Weg, in den wir steuern durch übersteigertes Selbstgefühl, noch wallende Emotionen, aufkommende Egoismen. Vielleicht auch durch eine Art »Frust«, der nur schwerlich bei manchen Gegnern der ehemaligen Regierung überwunden werden kann, um der Vernunft und Sachlichkeit wieder den Weg freigeben zu können.

Es wird wohl auch von vielen nicht gesehen, was in unserer Zeit und in unserer speziellen Situation die vielverlockende Freiheit auch bringen kann, wenn nicht Besonnenheit, Sachkenntnis sowie Gerechtigkeitsdenken für diejenigen Bürger waltet, die im Sozialstaat die guten Seiten für die Menschheit erkennen und vertreten, die für diese Überzeugung stets ehrlich gearbeitet haben und nun genau wie alle anderen die Unlauterkeit und Unfähigkeit der vergangenen Regierung beklagen. Das bedeutet, daß wir auch die Kehrseiten einer Freiheit sehen sollen, die Bettler, leidenden Menschen am Rande der Gesellschaft neben der Überfülle der Waren! Ich konnte mich bei Besuchen in der BRD neben allen Wundern der Wirtschaft auch von den Schattenseiten überzeugen. In mein Bewundern mischte sich ein Besinnen. Denken wir doch bitte auch an die Probleme unserer Zeit!

Lieber großer Kurt Masur, ich habe mich aufgrund von Einladungen im Rahmen der »Urania« sowie Gruppen des Neuen Forums sachkundig über deren Wissen, oft auch deren psychische Grundhaltung machen können, habe auch eine gewisse Konzeptlosigkeit feststellen können. Ich habe nette Leute kennengelernt, die zwar guten Willens, aber oft ohne fundiertes Wissen sind, ohne Erfahrungen. Das ist ungünstig!

Unser Land ist in einem Zustand, in dem es keine Spielwiese sein kann für Leute, die keine Erfahrungen haben, sondern ihrem Bedürfnis nach Protest leben möchten. Und wenn ich die Zusammenkünfte des »Runden Tisches« sehe, dann könnte ich mit Heinrich Heine sagen: »Denk ich an Deutschland in der Nacht . . .«

Derzeit in der Verantwortung zu stehen ist nicht einfach. Wer hierfür ein Stück seiner Gesundheit gibt, verdient es, ernst genommen zu sein!

Gestatten Sie mir am Schluß, zu meiner Person einiges auszuführen und zu erklären, und zwar, daß ich nie der Partei der SED angehörte, christlich erzogen wurde, daß in Ausübung eines pädagogischen Berufs mir manche »Beule« zuteil wurde, wenn ich eine offene Meinung gegen Unsinn parteipolitischer Art äußerte.

Aber: Schau nicht zurück im Zorn! Das ist meine Überzeugung, und ein Eintreten für Gerechtigkeit läßt mich auch die SED-Mitglieder betrachten, die ebenfalls in Offenheit gewarnt haben und dafür gebremst wurden. Sie sind mir lieber, wenngleich sie noch heute in der jetzt von anderen geleiteten SED sind, als die Wendehälse, die oft aus Angst um ihre Position austraten (umgehend), teilweise ins Neue Forum und dergleichen rutschten und jetzt so tun, als hätten sie nichts Gutes vom vergangenen System gehabt. Sie haben aus meiner Sicht mindestens eine fragwürdige Charakterhaltung.

So wünschte ich mir, wir alle würden mit Vernunft, ruhiger Betrachtung aller Seiten sowie menschlicher Größe gegenüber unseren Verantwortung tragenden Mitmenschen das große Bemühen um die Lösung einer sehr schwierigen Aufgabe nicht ständig torpedieren, sondern jeder an seinem Platz echt arbeiten mit der Hilfe zur Selbsthilfe, um dann, wenn die Zeit reif ist, einer Vereinigung beider deutscher Staaten in Würde entgegenzusehen. Dazu kann man sich aber nicht – wie in den Anfängen – ständig destruktiv verhalten, sondern muß erkennen, daß die Zeit des konstruktiven Handelns gckommen ist.

9. Januar 1990 *Ingeborg-Anne N., Magdeburg*

Nach eingehenden Gesprächen mit Bürgern unserer Stadt Schlettau wende ich mich mit viel Hoffnung an Sie. Mit der »Umwandlung« ist es bei uns sehr im argen. Hier geschieht rein gar nichts, außer daß die Versorgung schlechter geworden ist und die Angst größer.

Ist es nicht möglich, einmal kompetente Leute nach dem entlegenen Erzgebirge zu schicken, die aufklären, die sich mit den Leuten und den Problemen beschäftigen. Wir haben Angst vor dem Wahlergebnis, da alle »Alten« noch im Amt sind und prächtig agieren. Die Jugend ist fort, die

Betriebe haben kaum Material, und der Rest schimpft zwar, tut aber nichts. Vielleicht ist's nur Unfähigkeit. Ich als Rentnerin kann da alleine nicht viel ausrichten. Bitte helfen Sie uns. Einigkeit wäre doch jetzt das höchste Gebot, um endlich die heißersehnte Freiheit zu erkämpfen.

9. Januar 1990 *Gerhild Sch., Schlettau*

Wegen Ihres bisherigen hervorragenden musischen, künstlerischen Schaffens, insbesondere als Gewandhauskapellmeister, habe ich für Sie große Sympathie, Achtung und Verehrung empfunden. Das ruhige, besonnene, überlegene und doch behutsame, geduldige Eintreten für eine friedliche Wende zu einer neuen Demokratie in unserem Land nötigten mir Akzeptanz und Respekt ab.

Jedoch Ihr Auftritt am Freitag, dem 5. Januar 1990, als Interviewpartner für das ZDF, läßt mich an Ihrer Lauterkeit zweifeln. Faschismus, Neonazismus, Rechtsradikalismus zu verniedlichen, und das in der Öffentlichkeit, scheint mir aufgrund der gegenwärtigen Situation in unserem Land kaum ein geeignetes Mittel zur weiteren friedlichen Revolution zu sein.

Blind sein, obwohl man sieht, taub sein, obwohl man hört – daraus entsteht keine Demokratie, daraus entsteht eher Chaos, Anarchie und möglicherweise neuer Faschismus.

9. Januar 1990 *Walter U., Aue*

Am Freitag, dem 5. Januar, wurden in meiner LPG mehrfach Stimmen laut (und da nicht widersprochen), daß die Kommunisten, die an der Macht waren, erschossen oder aufgehängt werden sollten. Es müsse wie in Rumänien Blut fließen. War das die Meinung von Neonazis?

Sie können auswandern, ich wahrscheinlich nicht. Die Eskalation der Unvernunft wird durch Sonntagsreden nicht befriedet.

9. Januar 1990 *Bernd W., Neumühle*

In Zusammenhang mit der Wende zu einem demokratischen und humanistischen Staat haben Sie sich mutig an die Spitze gestellt und haben einen hohen persönlichen Anteil, daß bisher in Leipzig Dialog statt Konfrontation stattfand. Dafür verdienen Sie unseren Dank und Anerkennung.

Mit tiefem Entsetzen habe ich soeben gehört, daß Sie glauben, irgendwelche Politiker überschätzten Rechtsradikale in der DDR!

Ich selbst bin seit zwölf Jahren Offizier der Deutschen Volkspolizei und erlebe die Unfähigkeit unserer Aufklärung, weil es uns nicht möglich ist, entsprechende Unterlagen zu erhalten. Kompetente Untersuchungsführer, die diese Personengruppen überwachen, gibt es nicht! Bitte, denkt doch an unsere Kinder!!

Meine Großmutter war im KZ Ravensbrück inhaftiert und verstarb kurz nach dem Krieg, mein Großvater saß im faschistischen Zuchthaus wegen Hochverrat, und ich, ein Enkelkind, sehe hilflos zu, wie Persönlichkeiten den Republikanern in der DDR in die Hände spielen.

Herr Professor Masur, ich flehe Sie an, setzen Sie Ihre ganze Kraft dafür ein, daß niemand mehr auch nur glauben dürfe, Faschisten seien in diesem Land ungestraft.

Ich glaubte bisher an Humanismus und Menschenwürde, an Ihren Kampf gegen den Stalinismus und glaube nun, daß Sie die braunen Ratten unterschätzen.

Da ich Treptow gesehen habe und meinem Elternhaus, den 20 Millionen Sowjetsoldaten, die für mein Heimatland auch ihr Leben ließen, verpflichtet bin, reihte ich mich ein – und Sie, Herr Professor, sagen, wir spielen das hoch!

Meine Mutter hat als Kind den Faschismus erlebt, weil eine ganze Generation kluger Menschen sagte, das ist nur eine Randgruppe. Meine Tochter geht in die zweite Klasse – sie soll so etwas nicht erleben!

Warum, Herr Masur, sind Sie geistig so wertvoll, so frisch für unser Vaterland, so beweglich – und nehmen trotzdem die Faschisten nicht ernst?

Antifaschismus = Humanismus ist Voraussetzung für geistige Freiheit und Entfaltung der Individualität jedes einzelnen und sichert unsere östlichen und westlichen Nachbarn.

Sie polemisieren gegen die SED/PDS und behaupten, die Forderung nach einem Verfassungsschutz sei unzeitgemäß. Ich weiß nicht, mit wie vielen sachkundigen Volkspolizisten Sie sich beraten haben, ob Sie die Überstunden, die physischen und psychischen Leistungen der Angehörigen kennen und die Überbelastungen wahrnehmen. Aber vielleicht ist es auch gar nicht so interessant, weil es nicht in Ihr Bild von der von Ihnen dargestellten Wirklichkeit paßt.

Ohne Verfassungsschutz, das weiß ich sehr wohl, ist mein Vaterland, die Deutsche Demokratische Republik, in Gefahr. Eine Volkspolizei soll für öffentliche Ordnung und Sicherheit sorgen, Kriminalfälle aufklären, aber sie kann nicht noch alle politischen faschistischen Angriffe abwehren.

Ich bin 34 Jahre alt, aber ich bin, wie viele, erschöpft – aber vielleicht ist auch das ein Ziel einzelner Persönlichkeiten, die uns ja sowieso nicht als Volk betrachten.

Rechtsradikalismus ist natürlich in erster Linie ein politisches Problem und deshalb politisch zu lösen. Dabei ist mit Betroffenen zu sprechen, zu argumentieren und Aufklärungsarbeit zu leisten.

Aber: Bei Schändung von Grabmälern von Sowjetsoldaten, von aufrechten Antifaschisten, bei Bedrohungen Angehöriger bewaffneter Organe und deren Kindern ist eine strenge strafrechtliche Bestrafung zu sichern. Das sind wir 50 Millionen Toten schuldig, nie wieder sollen das deutsche Volk und unsere Nachbarländer vor Deutschen zittern. Wer nicht die antifaschistischen Kräfte stärkt, stärkt Rechtsradikale und den Traum vom Deutschland in den Grenzen von 1937. Rufe wie »Rote raus!« sind nicht Kampf gegen Stalinismus, und viele einzelne Straftaten gegen Einrichtungen und Angehörige der bewaffneten Organe der DDR auch nicht.

Ich verurteile die Korruption und den Amtsmißbrauch der alten SED-Führung sowie auch das Vorgehen von Polizeikräften gegen Demonstranten und hatte Sie, Herr Masur, so verstanden, daß wir alle gemeinsam – die Bürgerbewegungen, die Parteien, die SED-PDS, das Komitee der antifaschistischen Widerstandskämpfer (gegen die Sie ja bestimmt nichts haben!) und alle Bürger der DDR einen neuen Staat mit einer Ordnung schaffen wollen, wo Demokratie und Freiheit gewährleistet sind. Aber Sie wollen uns ja gar nicht dabei. Sie grenzen uns aus und stärken rechts. Meine ganze Familie, die Sie als Künstler und als Persönlichkeit hoch verehrt, bedauert es aufrichtig. Denken Sie doch bitte an die Kinder!

9. Januar 1990 *Klaus-Jürgen D., Berlin*

Hiermit möchten wir Ihnen ein großes Dankeschön aussprechen für die große Tat und die lieben Worte im Fernsehen! Sie sind wirklich eine liebe Persönlichkeit, die mit Geist und Mut so vieles geschafft hat.

9. Januar 1990 *W., Dresden*

Da ich in letzter Zeit auf verschiedene Art und Weise von Ihrem hervorragenden Wirken für unsere demokratische Entwicklung hörte und sah, will ich es nicht bei stiller Bewunderung bewenden lassen, sondern Ihnen meine Meinung – gleichzeitig die Meinung vieler Bekannter – zu den anstehenden Problemen schreiben und Sie gleichzeitig bitten, in den Aktivitäten um die Erneuerung nicht nachzulassen. Dies um so mehr, als in letzter Zeit sich die Anzeichen mehren, daß die alten Kräfte der SED sich zu neuen unheilvollen Taten erneut etablieren und formieren. Gysi und Modrow spielen hier wohl die Hauptrolle.

Besonders artikulieren müßte man in den Leipziger Demos am Montag den raffinierten Wahltrick der SED von der neonazistischen Gefahr! Nach einer kurzen Zeit der Zerknirschung ist das ein Generalangriff. Auch das Problem Stasi, jetzt Amt für Nationale Sicherheit, muß von der Opposition konsequent zu Ende gebracht werden. 60 000 Mann noch immer im Amt befindlicher Stasileute sind eine nicht zu unterschätzende Macht.

Glaubt man denn wirklich, daß durch das Anhängen der drei Buchstaben PDS der Wolf wirklich zum Schaf geworden ist? Überall sind die Stellvertreter und zweiten Garnituren in die vordere Reihe aufgerückt. Ist das nicht eigentlich eine Garantie für das Weitermachen im alten Stil? Menschliche Charaktere entwickeln sich in längeren Zeiträumen und können nur schwer verändert werden. Deswegen: Forderung nach Beseitigung der SED noch lauter als bisher.

Der Ordnung halber: Ich war weder Nazi noch Kommunist. Ich war bis 1974 Mitglied der LDPD und habe mich dann abgemeldet, weil ich das Unterwerfen unter die SED nicht ertragen konnte. Wenn ich noch jünger und beweglicher wäre, würde ich mit nach Leipzig kommen, um die Wende mit herbeizuführen zu helfen. Damit Sie wissen, mit wem Sie es zu tun haben: Ich bin siebzig Jahre alt, Dr. paed., war 24 Jahre lang Direktor einer großen Berufsschule, 1974 wurde ich durch einen Genossen ersetzt und arbeitete die letzten Jahre als Fachschuldozent (als Trostpflaster); im Krieg war ich Offizier, niemals Nazi, im Gegenteil, aber ich glaube, ein guter Deutscher zu sein, kein Chauvinist.

Ich wünsche Ihnen und der gesamten Demobewegung in Leipzig und anderen Großstädten bei der weiteren Entwicklung der Erneuerung unserer Gesellschaft einen entscheidenden Durchbruch, also den Sieg über die Kräfte von gestern. Der Wunsch für mich persönlich: Ich möchte noch erleben, daß wir als Deutsche wieder in einem einheitlichen Staat leben dürfen und daß dieser Prozeß nicht allzu lange dauern möge! Übrigens: Ich bewundere auch Ihre Arbeit als Dirigent!

9. Januar 1990 *Dr. Alfred B., Schneeberg*

Ich habe die Bürgerrunde am 7. Januar im Fernsehen mit großer Aufmerksamkeit verfolgt, fand sie sachlich und voll Konsens, wenn ich natürlich zu manchen Fragen auch andere Meinungen habe. Es würde mir allerdings leid tun, wenn Stefan Heym oder Walter Janka ihre Plätze zur Verfügung stellen würden.

Im eigentlichen aber möchte ich mich an Sie, verehrter Herr Forck, und an Sie, ebenfalls verehrter Herr Masur, wenden. Ich habe ganz große Hochachtung vor den Kirchenvertretern, die unsere friedliche Revolution in erheblichem Maße mitbestimmten, die stets zu Konsens und Gewaltlosigkeit aufriefen und denen wir unendlich viel verdanken.

Deshalb hat es mich tief getroffen, daß Sie, Herr Forck, als Christ, der ja die Zehn Gebote kennt (»Du sollst nicht falsch Zeugnis ablegen wider deinen Nächsten« – oder »Liebe deinen Nächsten wie dich selbst«) sich zu der für mich doch ungeheuerlichen Behauptung versteigen können, daß die Schmierereien am Treptower Ehrenmal von Kräften des ehemaligen Ministeriums für Staatssicherheit, die ja weiter nichts zu tun hätten, durchgeführt sein könnten.

Ich gebe zu, daß mir zum Beispiel die Rede der Trotzkistin am Ehrenmal oder die Rufe »SED – PDS« nicht gefallen haben, trotzdem ich seit vierzig Jahren Mitglied dieser Partei bin. Ich verlange ja nicht, Herr Masur, daß Sie uns lieben sollen. Aber am 9. Oktober haben Sie ja wohl in sehr gutem Einvernehmen in Zusammenarbeit mit drei Mitgliedern der damals noch nicht reformierten SED in Leipzig eine Katastrophe verhindert. Und nun stellen Sie sich auf die Seite der oppositionellen Gruppen, die in doch sehr unsachlicher Weise unsere Partei und damit viele ehrliche Menschen angreifen, diffamieren, sie mit ungeheuerlichen Unterstellungen unglaubwürdig machen wollen. Ihre Äußerungen, Herr Forck und Herr Prof. Masur, so sehr ich Ihre Verdienste schätze, fand ich – gerade am Ende dieser Sendung – unpassend. Ihnen, Herr Masur, möchte ich noch sagen: Mit größter Enttäuschung, Schmerz, Schuldgefühl und Tränen habe ich mich nach vierzigjähriger Zugehörigkeit zur SED von alten Vorstellungen getrennt und möchte ehrlichen Herzens in einer demokratischen SED/PDS alles tun – obwohl ich bereits Rentnerin bin –, daß altes Unrecht gutgemacht wird.

9. Januar 1990 *Jutta G., Fürstenwalde*

Es drängt uns, Ihnen zu schreiben und uns hiermit persönlich bei Ihnen für all das, was Sie in den vergangenen Wochen und Monaten für die in der DDR lebenden Menschen getan haben, aus tiefstem Herzen zu bedanken. Sie haben durch Ihr persönliches Engagement bereits viel Schlimmes verhindert.

Ihre Gedanken und Ihre Meinung bei der Bürgerrunde am Sonntag, »Denken über Deutschland«, sagten genau das aus, was auch wir empfinden und auch wir denken.

Wir möchten Ihnen mit diesem Brief nicht nur danken, sondern Sie ermutigen, daß Sie sich auch weiterhin für uns Menschen so einsetzen, so offen Ihre Meinung und Ihre Gedanken darlegen und sich im Kampf um eine andere DDR nicht entmutigen lassen. Wir blicken so voll Zuversicht auf Sie und hoffen, daß es mit Ihrer Hilfe nicht wieder vorkommt, in die alten Machtstrukturen zu geraten und Dinge ertragen zu müssen, die uns aus den vergangenen Zeiten verhaßt sind.

Sie sind ein berühmter Mann, dessen Stimme und Meinung man nicht einfach übergehen kann. Lassen Sie sich bitte auch weiterhin nicht entmutigen und bringen Sie wie am 7. Januar das zum Ausdruck, was vernünftig und logisch ist.

9. Januar 1990 *Kurt und Gitta G., Calbe/Saale*

Seit Jahren verehre ich Sie in Ihrer Eigenschaft als einer der berühmtesten Dirigenten unseres Landes. In Erinnerung ist mir immer noch die eindrucksvolle Eröffnung des Gewandhauses, welche ich im Fernsehen verfolgte. Die Übergabe dieses herrlichen Gebäudes durch Erich Honecker machte Sie doch damals glücklich und stolz zugleich, soweit ich das richtig einschätze.

Das Gewandhaus konnte ich bis zur heutigen Zeit nur im Fernsehen bewundern. Uneigennützig war ich stolz, daß in unserem Land eine solch herrliche Stätte für das Musikleben geschaffen wurde. Sie als Hausherr erhielten dadurch die Möglichkeit, mit Ihrem Orchester viele Menschen glücklich zu machen.

Die Zeiten haben sich geändert. Viel Schlimmes liegt hinter uns und vielleicht auch noch vor uns – wer weiß es! Ihre Verdienste im Oktober 1989 in Leipzig – »Wir sind das Volk!« – friedlich zu beeinflussen und zu lenken, sind von unschätzbarem Wert für die Menschen unseres Landes. Bei Verhandlungen und Demos zu dieser Zeit war ich froh, Sie, werter Herr Masur, inmitten von Demokraten in vorderster Reihe zu sehen.

Aber nun hat sich das geändert. Jedenfalls in meiner tiefsten Empfindung. Ich war so erschrocken über Ihre Darlegungen während der Fernseh-Gesprächsrunde mit anwesenden Kirchenvertretern, E. Bahr, Vollmer und Janka. Sie machten mir angst. Ihre lächelnd vorgebrachte Äußerung »Morgen auf der Montags-Demo werden wir wieder einige schöne Wahrheiten zu hören bekommen« hat meine Angst bestätigt, als ich die Schreihälse im Fernsehen hörte: »Deutschland, einig Vaterland«, »Gysi weg«, »Modrow weg«, »Nieder mit der SED«.

Sie sind doch für die Leipziger *der* Mann. Sind Sie es auch für die ehrlichen Menschen, einschließlich der ehrlichen Genossen in unserem Land? Sozialismus sagt Ihnen auch nicht mehr viel. Schade. Sie sollen von mir wissen, daß ich seit 1958 Genossin bin und werde es bis zu meinem Lebensende bleiben. Klar will ich Ihnen auch sagen: So rein und tief Sie Ihre Musik lieben, liebe ich die Menschen, und während meiner 41jährigen Tätigkeit als Erzieherin gab ich meine ganze Liebe und Kraft den Kindern im Alter von drei bis sechs Jahren. Über viele Jahre hinweg, bei einem geringen Einkommen, habe ich viele ungezählte und unbezahlte Feierabendstunden geleistet, um unseren Kindern einen schönen

Aufenthalt und Geborgenheit im Kindergarten zu gewährleisten. Dabei haben mich viele Eltern und Erzieherinnen unterstützt.

Als Kreisreferentin hatte ich zehn Jahre Gelegenheit, Leiterinnen anzuleiten. Dabei kam es mir auf Fähigkeit und Liebe zur Sache an – nicht auf Weltanschauung. Die Menschenwürde zu achten war auch zu meiner Zeit keine Randerscheinung. Nun stehen viele Genossen und auch Parteilose vor dem Ruin ihrer Arbeit. Soll das für unsere Generation alles gewesen sein? Arbeiten für wenig Geld – Entbehrungen – Ideale?

Wem wir diese schreckliche Lage zu verdanken haben, wissen wir nun. Mit Tränen der Trauer blicke ich zum Beispiel auf mein gelebtes Berufsleben. Ich habe wenig materielle Güter zu verlieren – aber meine politische Heimat sehe ich arg gefährdet, und das ist schlimm. So, als wäre ich ein Baum ohne Wurzeln.

Tragen Sie bei Ihrem Wirken nicht auch Verantwortung für diese Generation, die unter schweren Entbehrungen diese DDR aufgebaut hat? Es war doch nicht alles schlecht. Jetzt, da nun die stalinistischen Machtmechanismen zerbrochen und überwunden werden, dürfte es doch nicht zu schwer sein.

Ich hörte Sie im Fernsehen mit Ihrem Freund, dem Komponisten Siegfried Matthus, über Heimat sprechen. Mit Hingabe taten Sie kund, daß Sie jetzt in Leipzig Ihre Heimat gefunden haben. Wie schön für Sie. Fühlen Sie auch Liebe zur DDR? Ich meine zu einer eigenständigen, demokratischen, sozialistischen DDR der Arbeiter und Bauern? Ich würde mich sehr freuen.

Tun Sie etwas dafür, daß vernünftige, kluge Demokraten zu Wort kommen und die Schreihälse zur Vernunft gebracht werden. Die Geschichte zeigt uns jedoch leider immer wieder, daß das Volk in schicksalsschweren Entscheidungen stets das Falsche tut und will. Und noch etwas. Unterschätzen Sie die künftigen und gegenwärtigen »Schönhubers« in unserem Lande nicht.

Meine Hoffnung besteht darin, daß die Vernunft siegt und daß der gute Wille zur Erneuerung unserer Partei SED/PDS, zur Wiedergutmachung an unserem Volk von Leipzig, Dresden usw. einschließlich BRD nicht totgeschrien wird. Wir Genossen sind auch das Volk.

Werter Herr Masur, ich danke Ihnen, daß Sie meine Zeilen gelesen haben. Ich wünsche Ihnen, Ihrer Familie und Ihrem Orchester viel Erfolg und vor allem Frieden! Danke!

9. Januar 1990 *Charlotte P., Ilmenau*

Nach Ihrem Interview mit dem westdeutschen Fernsehen ist es mir ein Bedürfnis, Ihnen meine Meinung darüber mitzuteilen.

Ich weiß nicht, wie alt Sie sind, aber sicher so alt, daß Sie sich noch an die braune Pest erinnern können. Meine Familie und ich leider zu gut.

Die Warnungen – egal, ob von KPD, SPD oder Gewerkschaft – wurden damals leider nicht ernst genommen, leider auch keine Einheitsfront dagegen. Hätte man damals auf die Warnungen gehört, wären uns Hitler, der furchtbare Krieg, die Spaltung Deutschlands und die Grenzen nach 1945 erspart gelieben! Auch die Kirche konnte noch keinen Krieg verhindern: Sie hat nur die Waffen »gesegnet«. Leider lehrt uns das die Geschichte.

SS-Männer wie Schönhuber wurden in der DDR verurteilt und nicht wie in der BRD vor Antifaschisten »geschützt«! Thälmann hatte recht. Soll sich das alles wiederholen? Nein und nochmals nein! Denken Sie bitte darüber nach, ehe es wieder zu spät ist.

Sollten Sie bis zu Ende lesen, möchte ich Ihnen noch sagen: Wem nützt Ihre schöne Musik, wenn sie wieder ein Krieg übertönt? »Der Schoß ist fruchtbar noch, aus dem das kroch!« – Wer will das verharmlosen? Sie wollen sicher auch keinen neuen Krieg. Bitte tun Sie etwas dagegen. Eine Rentnerin möchte, daß ihren Kindern und Enkeln und allen Kindern und Enkeln der Welt ein neuer Krieg erspart bleibt.

9. Januar 1990 *Ilse J., Zwickau*

Wie Ihr hervorragendes Wirken als Dirigent, so haben auch Ihr mutiges Eintreten für Demokratie und Erneuerung in unserem Land und besonders Ihre häufigen öffentlichen Mahnungen und Aufrufe zur Besonnenheit und Gewaltlosigkeit meine Hochachtung für Sie gestärkt und befördert.

Als Rentner sehen meine Frau und ich in dem Bemühen um eine friedliche und demokratische Entwicklung in unserer Republik, daß das in den Jahrzehnten seit Ende des Zweiten Weltkrieges errungene Gute und Bewahrenswerte in diesem Land erhalten und unsere gesellschaftlichen Verhältnisse und unsere Umwelt menschlicher und liebenswerter gestaltet werden können.

Die unter Ihrer Stabführung durch das Gewandhausorchester so beeindruckend interpretierte Neunte Sinfonie von Beethoven am Silvesterabend war auch für uns aus der Ferne ein großes Erlebnis, auch deshalb, weil die Sehnsucht nach Freude und Brüderlichkeit gerade in dieser bewegten Zeit besonders groß ist.

Leider stehen diesem Sehnen Erscheinungen und Kräfte entgegen, die wir nicht übersehen und deren Auftreten wir nicht billigen können und wollen und die zum Beispiel erst am gestrigen Montag in unmittelbarer Nähe Ihres Wirkens in für uns erschreckender Deutlichkeit sicht- und hörbar waren.

Wir wünschten sehr, es wäre so, wie Sie jüngst gegenüber dem ZDF in der BRD äußerten, daß jene, die auf den Straßen »Deutschland, einig Vaterland!« rufen, nur Leute wären, die befürchten, daß die Demokratisierung bei uns auf halbem Wege stehenbleiben könnte, oder solche, die schlechthin Nationalgefühl äußern, aber daß jene keine Neofaschisten seien. Auch wir meinen, daß die »Rufer« sehr unterschiedlich motiviert sind.

Leider gibt es hinlänglich Beweise dafür, daß bei weitem nicht jeder objektiv das ist, als was er sich dünkt. Als Bürger dieses Landes, das mir als ehemaligem Danziger wie auch Ihnen zur neuen Heimat geworden ist, wie Sie jüngst in einem Gespräch mit dem Komponisten Matthus erwähnten, weiß ich leider noch zu gut, wie die Hitlerfaschisten vor 1939 auf der nationalistischen Welle, unter anderem mit der »Heim-ins-Reich«-Losung, verhängnisvollen Einfluß gewannen. Deshalb erfaßt mich auch angesichts solcher Losungen wie »Wiedervereinigung jetzt!« große Sorge. Dies um so mehr durch das heutige Auftreten des Führers der Partei der Republikaner in der BRD, Herrn Schönhuber, der sich bei seinen Hoffnungen auf Einfluß in der DDR auch auf die letzte Montagsdemonstration in Ihrer Heimatstadt Leipzig berief.

Kann man hierzu schweigen? Bedeutet Schweigen in dieser Sache nicht Ermutigung der Schönhubers? Könnte durch das Wirken von Neonazis und ihres Anhangs nicht eine Atmosphäre der Angst entstehen, die dem demokratischen Aufbruch unseres Volkes, dem die Leipziger Bürger so entschlossen vorangeschritten sind, den Erfolg versagt?

9. Januar 1990 *Gerhard E., Bergen/Rügen*

Ich habe wiederum Anlaß, mich an Sie zu wenden: Erstmalig geschah es in Form eines Telefonanrufs in Ihrem Sekretariat, als Sie sich in der überaus gefährlichen Situation im Oktober für eine gewaltfreie Demonstration einsetzten. Mich hatte Ihr Auftreten derart begeistert, daß ich Ihnen Dank und Anerkennung aussprechen mußte. Jetzt jedoch bin ich von Ihrer Haltung im Hinblick auf rechtsradikale Kräfte enttäuscht. Was haben uns die gestrige Demonstration und weitere Vorfälle gezeigt? Es sind doch durchaus keine zu bagatellisierenden Einzelerscheinungen mehr! Ich habe einfach Angst, daß dieser Strömung – wie 1933 – nicht der erforderliche Einhalt geboten wird. Ich habe diese Zeit und ihre Folgen bereits bewußt durchleben müssen.

Ich bitte Sie darum inständig, Ihre Meinung – wie sie in der Öffentlichkeit mehrmals von Ihnen vertreten wurde – zu überprüfen und im Hinblick auf die gewaltige Ausstrahlungskraft Ihrer Persönlichkeit auch jetzt nichts unversucht zu lassen, sich für ein achtungsvolles Miteinander aller Kräfte, die sich in dieser bewegten Zeit für die Erneuerung unserer DDR einsetzen, auszusprechen.

9. Januar 1990 *Blanka L., Leipzig*

Sie werden sicher seit der Wende, an der Sie ja maßgeblich beteiligt waren, viel Post erhalten, und deshalb habe ich lange überlegt, ob ich Ihnen schreiben soll, doch die Sorge um Deutschland gibt mir den Mut. Ich kann mit Heinrich Heine sagen: »Denk' ich an Deutschland in der Nacht, dann bin ich um den Schlaf gebracht.«

Ich habe unter den stalinistischen Machthabern sehr viel persönliches Leid erfahren und nehme deshalb auch noch als Rentnerin regen Anteil am politischen Geschehen.

Ich finde, Sie gehören jetzt in erster Linie – wie Vacláv Havel – in die Politik, weil Sie durch Ihre Ausstrahlung und Persönlichkeit, Ihre Mahnung zur Besonnenheit und Ihre Erfahrungen uns jetzt am meisten helfen können. Sie sind nicht nur als Dirigent, sondern als, zwar sicher »ungewollter«, Politiker zum Idol unserer Nation geworden. Auf Sie hört das Volk!

Meine Tochter wohnt in Leipzig, sie hat noch keine Montags-Demo versäumt; dadurch war ich immer auf dem laufenden über Ihren beispiellosen Mut und möchte Ihnen hiermit meinen Dank und meine Hochachtung aussprechen.

9. Januar 1990 *Jutta Sch., Meiningen*

Ich bin ein großer Mozart- und Beethoven-Fan, ich wohne in Thüringen, bin verheiratet, habe zwei Kinder und war schon oft in Leipzig in der Oper, aber noch nie im Gewandhaus.

Aber dies ist nicht der Grund, warum ich an Sie und die »Sechs« von Leipzig schreibe. Wie Sie jetzt merken werden, habe ich am 8. Januar 1990 die Sendung im DDR-Fernsehen mit verfolgt.

[Dort wurden Gespräche mit Beteiligten des Aufrufs vom 9. Oktober und Vertretern der Sicherheitskräfte geführt.]

Eines müssen Sie wissen, Herr Masur – wer solche Musik mit einer solchen Hingabe dirigiert, muß ein Humanist sein. – Ich vergesse nie die Aufführung der Siebten Sinfonie von Beethoven – eine unvergeßliche Darbietung von Ihnen. Ich bin 43 Jahre alt, aber bei einer solchen Musik kommen mir die Freudentränen. Aber der Hauptgrund, warum ich an Sie schreibe, ist dieser 8. Januar 1990.

Wie Sie sich und Ihre fünf Kollegen für die Stadt Leipzig und somit für unser Land eingesetzt haben, das ist beispielhaft. Das ganze Volk von Thüringen und der gesamten Republik ist Ihnen dankbar. Herr Masur – Sie haben Großes geleistet. Danke – Danke – Danke. Wer weiß, wie es gekommen wäre. Ich hoffe und wünsche, daß Ihre großen Anstrengungen nicht umsonst waren und daß wir einer glücklichen Zukunft entgegenstreben mit allen friedlichen Mitteln.

9. Januar 1990 *Gottfried B., Hohenkirchen*

Eigentlich wollte ich Sie mit »Werter Ehrenbürger der Heldenstadt Leipzig« anreden. Denn dies ist doch für mich Ihre Funktion, die für unser

Land zur Zeit lebensnotwendig ist. Und deshalb bitte ich Sie innigst um die Fortsetzung Ihrer Tätigkeiten im Rahmen der Demokratisierungsbewegung in der DDR. Besonders haben mir Ihre Taten am 9. Oktober 89 – gestern im Fernsehen nochmals dokumentiert – imponiert.

Auch ich und der größte Teil meines Arbeitskollektivs (Elektroprojektanten in den BUNA-Werken von Schkopau) sind sehr besorgt über die Manipulationsversuche der SED/PDS-Medien hinsichtlich der angeblichen Gefahr von rechts. Die Hauptgefahr für den Demokratisierungsprozeß in der DDR geht aber vom Machtapparat der noch im Amt befindlichen Stalinisten aus. Und deshalb macht uns »normalen Menschen« Mut die Äußerung von allseits bekannten Persönlichkeiten wie Ihnen.

Deshalb ist es uns auch noch möglich, unsere Arbeitsaufgaben zu erfüllen. Mit Eingaben zu betrieblichen Belangen und Teilnahmen an den Montags-Demos in Halle versuchen wir, den Demokratisierungsprozeß zu unterstützen. Auch um diesen Mut geht es.

9. Januar 1990 *Peter Sch., Halle-Neustadt*

Die Modalität des Sich-Äußerns und des Handelns ist seit vielen Monaten vielschichtig. Verzeihen Sie mir deshalb bitte die kleine Belästigung.

Da ich »per Bildschirm« seit vielen Jahren ein »gutes Verhältnis« zu Ihnen habe (auch Ihre Gastspiele im Ausland verfolge), war ich erleichtert, Sie in entscheidender Stunde exponiert zu erleben.

Und nun erfüllt mich mit größter Sorge und Traurigkeit, was aus dem Mut und dem Verstand der Leipziger Bürger geworden ist. Ich verstehe sehr wohl, daß in einer so gebeutelten Stadt der Begriff Sozialismus oder SED (auch plus PDS) keinen Raum mehr hat, sogar auf Haß stößt. Ich habe Angst – schon am Sonnabend/Sonntag, weil der Montag naht – seit Mitte Dezember, und das ist lange. Und in Verbindung mit Ihrer Person habe ich lange (nach)gelauscht, als ich Sonntag (7. Januar) am Bildschirm hörte, die da die BRD-Fahnen schwenken, ». . . sind die Ungeduldigen«!

Nein, Herr Professor, so pauschal stimmt es ganz gewiß nicht. Dieser Montag hat sicher nicht nur mich in meinen Zweifeln an Ihrer Aussage bitter eines anderen belehrt: Leipzig ist eine Gefahr für unser Land geworden, weil es sich, um Kurt Tucholsky zu gebrauchen, »in nationalem Gedröhn« kundtut.

Vielleicht wird auch in dieser Stadt von Chancengleichheit für alle Bewerber zur Wahl gesprochen. Das ist aber nicht nur eine Frage materieller Voraussetzungen, sondern auch ideeller. Und? Was mich so unglücklich macht, ist die Frage, warum es so erschreckend massiv eskaliert – haben wir doch alle von Leipzig profitiert. Und die aufrechten und mutigen Menschen fanden die Kraft und die (gewaltlose) Richtung in den Gotteshäusern bei An- und Aussprachen.

Und jetzt?

Ich kann es nicht glauben, daß dort dieses seine Keimzelle hat. Mein Herz wehrt sich, von den ehrbaren Männern im Talar annehmen zu müssen, daß sie es so dulden. Am 1. September Richard von Weizsäcker: »Eine Revolution erfordert äußerste Disziplin im Denken und Handeln.«

Ich werde diesen Brief an Sie meinen Schülern vorlesen. Bei ihnen wird niemand diffamiert. Sie geraten auch öfter aneinander bei dem Spektrum Politik, Religion, links, Mitte und auch ein bißchen rechts, kein Wunder. Aber meine »kleine Kulturnation« wollen sie sein und bleiben.

10. Januar 1990 *Waltraud K., Berlin*

Ich bin eine parteilose Arbeiterin, aber was sich zur Zeit in Leipzig abspielt, kann einen schon das Gruseln lehren. Wenn man dann noch im Fernsehen hören muß, wie Sie sich dazu äußern, muß man sich schon fragen – sind sie alle auf dem rechten Auge blind? Das sind doch keine lächerlichen Randerscheinungen, das erinnert einen doch an das 1000jährige Reich. Ich bin knapp sechzig Jahre alt und habe diese Zeit sehr bewußt miterlebt.

Wurden die einen abgelöst, um einen noch schlimmeren Schlamm zu züchten?

Tun Sie auch jetzt etwas gegen braun! Noch ist es Zeit.

Ich habe mit vielen gesprochen, auch sie haben Angst vor der Zukunft. Das ist doch keine Demokratie, was da auf uns zukommt. Viele waren in den letzten Jahren nicht so mutlos wie heute.

Anonym zu bleiben ist mir in der heutigen Zeit sicherer. So viel Angst hat man schon wieder. Nehmen Sie dazu Stellung im Fernsehen, ich warte darauf. Hoffentlich gehen die Montagabend-Friedensgebete auch bald gegen rechte Erscheinungen.

10. Januar 1990 *Anonym, Rochlitz*

Am Montagabend sah ich den Film über Ihre Zusammenarbeit mit drei SED-Bezirkssekretären in Leipzig am 7. bzw. 9. Oktober 1989. Durch diese wurde ein blutiger Aufstand verhindert. Hierfür sei Ihnen und den SED-Funktionären Dank gesagt.

Ihr schönes elegantes Arbeitszimmer und das Tonstudio im Gewandhaus zeigten aber auch, daß Sie die vierzig Jahre in unserer Republik sehr gut gelebt und repräsentativ überstanden haben.

Mit Ihrer Musik haben Sie, werter Herr Masur, in vielen Ländern der Welt und auch uns Genossen Freude bereitet. Doch am Sonntagabend halten Sie im Fernsehen Schmähreden gegen die Genossen meiner Partei, die mich sehr erstaunten und unter Ihrem Niveau waren. Dazu die gehässigen Reden bei den Montags-Aufmärschen der vielen tausend Menschen. Die sollten ihre Kräfte für den nächsten Arbeitstag schonen, um produktive Arbeit zu leisten, damit unsere DDR weiter konkurrenzfähig und in der Welt geachtet wird.

Es werden von den neuen Parteien nur Forderungen erhoben und den regierenden Ministern das Leben erschwert. Doch keiner möchte an der gleichen Stelle seine Kraft einsetzen. Ein starker Mann soll her, vielleicht Herr Schönhuber? – Wir sagen »nein« zu rechts, denn die braune Zeit hat gleich mir viele meiner Genossen die Heimat und liebe Menschen gekostet.

Ich denke an die Worte der Abgeordneten der Grünen aus der BRD, die zum Abschied sagte: »Ihr wißt ja nicht, wie gut ihr lebt, kämpft darum, daß es euch erhalten bleibt!« In diesem Sinne, werter Herr Masur, bieten auch Sie Ihre Überzeugungskraft für den neuen Sozialismus auf, der uns Alten den Frieden erhalten hilft.

10. Januar 1990 *Eine alte Genossin aus der Prignitz – Pritzwalk*

Gebannt – voller Faszination – starren wir nach Leipzig und halten die Luft an: Was haben Sie und alle Menschen dort ins Rollen gebracht! Wie sehr hoffen wir darauf und wünschen Ihnen den langen Atem des Erfolges und den weiteren friedlichen Verlauf dieses Aufbruchs! Ein Musiker, mit aller Sensibilität für Zwischentöne, ist nun der Dirigent *dieses* »Orchesterwerkes«. Es ist wirklich an der Zeit, daß in der Politik die Künstler – wenn sie solch ein Gespür haben für Nuancen wie Sie – nicht länger fehlen dürfen!

Ich wünsche Ihnen und allen Leipzigern (von denen ich als Publikum ohnehin besonders beeindruckt war) und dem ganzen Land mit seinen tapferen Menschen den ersehnten Erfolg!

Ihrem Motto »Die Angst überwinden« wünsche ich weiter Ihre ruhige, leitende Hand.

10. Januar 1990 *Gloria S.-N., Berlin*

Wie viele andere Menschen und Bürger dieses Landes habe ich die Sendereihe »Denken über Deutschland« verfolgt.

Von allen Diskussionsteilnehmern haben Sie für meine Begriffe den besten Eindruck hinterlassen und einiges sehr Wesentliche zur realen Situation unseres Landes ausgesprochen.

Ich möchte Sie als Leiter eines sehr großen Kollektivs von Mitarbeitern des Gesundheitswesens (einer Fachpoliklinik) für die Zukunft darin bestärken, daß trotz der notwendigen Verantwortung für die Zukunft der gewaltlosen Revolutionsbewegung mehr und forcierter der Ausdruck des Willens des Volkes in solchen Gesprächsrunden dargelegt werden muß. Es ist absurd und geht voll an dcn Tatsachen vorbei, wenn von Dingen die Rede ist, die kein Mensch in diesem Lande mehr ernsthaft glaubt und will.

Von meinen Mitarbeitern kann ich sagen, daß wir alle schnellstens und selbst unter Hinnahme von möglichen Benachteiligungen die Wiedervereinigung Deutschlands wollen. Es ist uns auch klar, mit welchen Schwierigkeiten ein solcher Prozeß verbunden ist. Aber wir müssen dem Volk eine Perspektive und einen Termin der Wiedervereinigung anbieten, sonst läuft sowieso alles, was noch einigermaßen Kraft und Verstand hat, aus diesem Land weg, und zurück bleibt eine Gruppe, die nicht in der Lage ist, einen Neuaufbau unter demokratischen Prinzipien durchzusetzen.

Bitte versuchen Sie meinen Zuspruch bei Ihren zukünftigen öffentlichen Auftritten als eine moralische Stütze mit zu verwerten, um in aller Schärfe und mit aller Deutlichkeit zu artikulieren, was die große Masse in diesem Lande bewegt.

Es ist in meinen Augen sehr bedauerlich, daß die Opposition leider bisher keine Führungskräfte hervorgebracht hat, die diesen oder einen ähnlichen Standpunkt mit der nötigen rhetorischen Begabung öffentlich widerspiegeln.

Da Sie eine öffentlich engagierte Persönlichkeit sind, bitte ich Sie, auch hieran zu denken. Das wird sehr bald notwendig werden, daß wir, wie das Wahlrecht auch aussehen möge, uns auf Personen konzentrieren, die den Willen des Volkes umzusetzen verstehen.

Da ich nicht annehme, daß Sie Ihre jetzige Profession gegen eine politische Karriere eintauschen möchten, so wage ich nicht, den Appell an Sie persönlich zu richten. Aber auf öffentliche Auftritte angesprochen, sollten Sie sich durch diesen meinen Brief, den ich für über 200 meiner Mitarbeiter schreibe, ermutigen lassen.

10. Januar 1990 *Dr. Manfred L., Görlitz*

Mit großen Interesse habe ich am Sonntag im Fernsehen die Diskussion prominenter Vertreter der DDR und der BRD über die zur Zeit stehenden Probleme in unserem Land verfolgt. In Ihrer Diskussion sagten Sie, daß Sie zur Politik gekommen seien, um dazu beizutragen, daß die »Demos«, die zur Veränderung in unserem Land beitragen sollen, friedlich und ohne Blutvergießen durchgeführt werden. Das heißt soviel – Sie wollen eine unblutige Revolution.

Da heißt es aber jetzt, mehr denn je aufzupassen und mit klarem Kopf den Verstand zu gebrauchen. Weshalb sage ich dies? Im Moment werden die faschistischen und neonazistischen Parolen und Schmierereien bagatellisiert mit der Begründung, die Bürgerinitiative hätte sich immer klar gegen ein Wiederaufkommen des Faschismus geäußert. Ja, und Ihr Gesprächspartner von der Kirche, Dr. Forck, verstieg sich so weit und sagte, ob das nicht auch den ehemaligen Angehörigen des Ministeriums für Staatssicherheit, die im Moment keine Arbeit bekommen, zugeschrieben werden könne.

Ich bin die Tochter eines verurteilt gewesenen Verfolgten des Naziregimes, das möchte ich Sie beim Schreiben dieses Briefes wissen lassen, denn diese Aussage des prominenten Gesprächspartners hat mich empört.

Die Dinge, die sich jahrzehntelang in unserem Land angestaut hatten, haben mich genauso empört wie die Bürger, mit denen Sie, Herr Professor, auf die Straße gegangen sind.

Jetzt komme ich zurück auf die Äußerung zu den provokanten Schmierereien. Es gibt noch Geschichtsschreibungen, die nicht verfälscht sind und an die sich meine Generation noch sehr gut erinnern kann. Wie begannen die Vorbereitungen für den Machtantritt Hitlers? Es begann ebenfalls mit Schmierereien bis hin zum Brand des Reichtages, der sich dann nach sechs Jahren zum verheerendsten Weltbrand entwickelte, dem Millionen von Menschen in ganz Europa zum Opfer fielen. Auch hier wurde von den bösen Kommunisten gesprochen. Abgesehen von dem Leid und Elend, das über die Menschen der überfallenen Völker gebracht wurde, sollten Sie einmal bedenken, daß unter der deutschen Bevölkerung, die gegen den Faschismus gekämpft hat, Kommunisten, Sozialdemokraten, Konfessionelle aus den verschiedensten Glaubensbereichen und Parteilose waren, die ihr Leben dafür hingeben mußten. Parteilos wie Sie, der kein Blutvergießen wollte, und deren Blut dann selbst floß.

Vertreten Sie heute noch die Meinung, daß mit den »Demos«, ganz besonders der letzten in Leipzig, und dem, was dort an Stimmen jetzt laut wird, der demokratischen Erneuerung und Umgestaltung gedient ist? Bezeichnen Sie dies, wenn es im Fernsehen ersichtlich und in der Presse veröffentlicht wird und die SED/PDS dazu Stellung nimmt, auch als deren Wahlkampfpropaganda? Verfolgen Sie nicht auch mit Sorge die Aktivitäten der Republikaner in unserem Land, siehe »Demo« Leipzig. Darüber macht sich meine Generation große Sorgen.

In Ihrer Diskussion sagten Sie, daß Ihnen die Musik vieles sagte und noch sage. Dann horchen Sie hinein, was Bach, Wagner, Mozart oder Beethoven mit ihrer Musik gesagt haben.

Seit Jahrzehnten bin ich Mitglied der SED, heute SED/PDS, und ich möchte Sie fragen: Haben wir uns nicht alle mitschuldig gemacht – ob die Mitglieder der SED, die heutigen Koalitionsparteien, ja selbst die Parteilosen –, daß wir so lange geschwiegen haben? Ich bin empört darüber, was sich unter der Leitung von Herrn Honecker abgespielt hat, ich fordere auch eine restlose Aufdeckung der Schuld und seine Bestrafung. Auch Sie haben sehr spät erkannt, wem Sie Ihre Reverenzen gemacht haben, und keiner kann Sie dafür irgendwie verantwortlich machen. Deshalb sollte auch bedacht werden, daß es in dieser Partei viele ehrliche Mitglieder gegeben hat, und man sollte nicht so etwas Ähnliches wie Sippenhaft machen. Wenn Sie darüber nachdenken, sollte Ihnen dabei ein Wort von Herman Melville helfen: »Und obwohl Mangel an Mißtrauen einem Menschen öfter zum Schaden werden kann als Mangel an Vernunft, ist zuviel Mißtrauen genauso schlimm wie zuwenig Vernunft.«

10. Januar 1990 *Violanta S., Sangerhausen*

Seit vielen Jahren bin ich ein Bewunderer Ihrer Kunst. Mit Ihrer Kunst und durch Ihre Persönlichkeit haben Sie viel zum internationalen Ansehen der DDR beigetragen. Bewundert habe ich auch Ihre Haltung in den dramatischen Wochen des vergangenen Jahres.

Ihr letzter Auftritt im Fernsehen in der ersten Januarwoche hat mich überrascht, und ich habe mich gefragt: Wo liegen die Ursachen für die Wandlung eines Kurt Masur?

Sie stört der Begriff »braune Pest«! Sollten wir besser sagen »braune Gefahr«?

Wir sind ungefähr gleichaltrig, und ich habe diese braune Gefahr von heute als braune Realität am 8. Januar 1990 kennengelernt.

Ich habe am Montag, dem 8. Januar, im Fernsehen »Gesichter« von der Montags-Demo in Leipzig gesehen, und ich war erschrocken (laut Aktuelle Kamera vom 9. Januar wurden ca. 2500 Flugblätter von Neonazis eingesammelt): Schönhuber trifft Absprachen zur Bildung von Orts- und Kreisverbänden der Republikaner in der DDR.

Auch künstlerische Sensibilität kann ausgenutzt werden. Ich möchte nicht eines Tages in der Presse lesen müssen, daß ein großer Künstler die wirkliche Lage falsch eingeschätzt hat.

10. Januar 1990 *A. L., Berlin*

Bezugnehmend auf die im Fernsehen gelaufene Bürgerrunde »Denken über Deutschland« möchten wir Ihnen mitteilen, daß wir Ihre Ausführungen teilen, insbesondere zur Frage der Vorfälle am Ehrenmal in Berlin-Treptow.

Auch wir sind der Meinung, daß ohne eine Aufklärung eine Verurteilung möglicher in Betracht kommender Täter nicht erfolgen sollte.

Die Lehren aus der Geschichte haben dazu genügend Beweise geliefert, und man kann sich hier des Eindruckes einer gezielten Provokation von seiten des Staatssicherheitsdienstes nicht erwehren.

Werter Herr Professor Masur, wirken Sie bitte weiterhin im Sinne von Gerechtigkeit, Freiheit und Demokratie.

10. Januar 1990 *Lutz R. und Walter D., Friedrichroda/Thür.*

Sie haben viel beigetragen zur gewaltfreien Durchführung der Demonstrationen in Leipzig und sind geachtet in Leipzig und in der Republik.

Ich bin weder ein Mitglied noch ein Anhänger der SED. Aber was ich bei der Berichterstattung über die letzte Leipziger Demonstration sah, hat mich schockiert. Da wurde ein Transparent gezeigt: »Wer SED wählt, wählt Bürgerkrieg.« Ich denke, der Sinn der Demonstration sollte Demokratisierung sein, daß das Volk selbst durch freie Wahlen entscheiden kann, wer es regieren soll.

Hier versucht eine Gruppe vorzuschreiben, wie man wählen muß, und droht anderenfalls mit dem Bürgerkrieg.

Da Sie Ansehen unter der Bevölkerung haben, bitte ich Sie, sich in der Öffentlichkeit – am besten in der Presse – von solchen Äußerungen zu distanzieren und sich gegen eine weitere Radikalisierung der Demonstrationen auszusprechen.

10. Januar 1990 *Anonym, Cottbus*

Schon lange wollte ich Ihnen danken im Namen meiner vier Kinder und sechs Enkelkinder. Sie sind ein guter Mensch. Wenn ich Sie im Fernsehen sprechen höre, schlägt mein Herz zuversichtlicher als bei den Wendehälsen Modrow und Gysi.

Ich bin von 1949 bis zur Stunde Genossin und bleibe es (für mich und meinen Standpunkt). Als Schichtarbeiterin arbeitete ich als Schweißerin und vernachlässigte meine damals noch grundschulpflichtigen Kinder. War am Monatsende Material da, da mußte die Genossin bis zum Ende ihrer Kraft schweißen, damit der Plan etwas erfüllt wurde.

Aus Liebe zur Musik und aus Menschenliebe gingen Sie tapfer in den Kampf – aber nun, lieber Kurt, müssen Sie weiterkämpfen, wir »Fußvolk« warten auf Eure selbstlose Hilfe. Ruht und rastet nicht, für unser betrogenes Leben.

10. Januar 1990 *Gertrud D., Schmalkalden*

Es ist mir ein inneres Bedürfnis, Ihnen für den Aufruf an die Leipziger Demonstranten am 9. Oktober 1989 zu danken. In ihrem kurzfristig verfaßten Schreiben, das in vier Leipziger Kirchen verlesen wurde, riefen Sie und noch vier oder fünf Persönlichkeiten die Menschen zu Ruhe und Besonnenheit auf.

Am 8. Januar 1990 sah ich eine Fernsehsendung und habe dadurch von Ihrem großen Verdienst erfahren. Alles, was sich in Leipzig tut und ereignet, bewegt mich ganz besonders, da ich selbst von 1947 bis 1982 in dieser Stadt gelebt habe. Mein Sohn, meine Tochter, deren Mann und zwei Enkel sowie meine alten Eltern leben noch in Leipzig.

Ich selbst habe als Jugendliche im Alter von sechzehn Jahren den 17. Juni 1953 in der Leipziger Innenstadt miterlebt. Es war schrecklich – und vergessen kann man das Geschehene niemals!

Und nach diesem Bericht im Fernsehen ist mir sehr, sehr deutlich zu Bewußtsein gekommen, was Sie mit Ihrem Aufruf an die Demonstranten auf den Straßen Leipzigs geleistet haben und dadurch fernhalten konnten. Ich glaube, viele meiner Mitmenschen, aber vor allem meine Familienangehörigen, danken Ihnen dafür.

10. Januar 1990 *Ursula U., Zeulenroda*

Ich konnte jahrelang in meinem Stammlokal in Ruhe ein Bier trinken. Das ist leider nicht mehr möglich, da dort jetzt Nazis den Ton angeben. Ein falsches Wort, und man läuft Gefahr, verprügelt zu werden. Mir ist das schon mehrmals passiert, so daß ich dort aus Angst nicht mehr hin kann, denn im Ernstfall wird einem nämlich nicht von den ach so demokratisch gesinnten Bürgern geholfen. Die haben selbst Angst und sind zu teilnahmslos. Von unserer Polizei ist keine rechtzeitige Hilfe zu erwarten. Außerdem schützt diese lieber Nazis als Antifaschisten. Vom ZDF ist auch keine Hilfe zu bekommen.

Ein Einzelfall? Aus Erlebtem und Erzähltem weiß ich: leider nicht. Zahlen kann ich Ihnen natürlich nicht nennen. Aber eine relative Zahl: 1928 hatten die Faschisten weniger Wählerstimmen als jetzt bei uns, und fünf Jahre später waren sie an der Macht.

Nun sind allerdings unsere Verhältnisse nicht identisch mit denen in der DDR. Aber haben nicht fast jeden Montag Zehntausende in Ihrem Leipzig für eben diese unsere Verhältnisse demonstriert? Die Flaggen der BRD waren dort ja wohl nicht zu übersehen.

Damit es aber bei Ihnen nicht so weit kommt, sollte jeder einen aktiven Beitrag leisten. Leider sehe ich in Ihrem Bagatellisieren keinen solchen Schritt. Ihre These, es sei ja noch nicht erwiesen, daß die Schmierer auch richtige Faschisten wären, geht doch am Kern der Sache vorbei. Der lautet nämlich: Welche Möglichkeiten bestehen in einem Lande zur Ausbreitung des Faschismus, und welche Möglichkeiten bestehen, Verführbare auch verführen zu können. Auch Verführte haben Wahlrecht. Haben Sie eigentlich nichts von den am letzten Montag in Leipzig verteilten Nazi-Propagandamaterialien bemerkt? Und da soll keine Faschismusgefahr in der DDR bestehen? In Bonn (!) fordert Geißler schon die Legitimität der sogenannten Republikaner auch in Ihrem Lande. Alles nicht so schlimm?

Vor Jahren fand ich es allerdings auch in Berlin (West) nicht so schlimm. Damals hatte ich es mir nicht einmal träumen lassen, daß ich aus meinem Stammlokal vertrieben werde in ein »Lokal-Exil«.

Nun, solange es nur bei den Lokalen bleibt, geht es ja noch.

11. Januar 1990 *Gerd W., Berlin-West*

Ich bin ein Verehrer der Kunst und war auch ein Verehrer des Gewandhauskapellmeisters. Ihr Auftreten in der Öffentlichkeit in den letzten Tagen und Wochen, im Fernsehen unter anderem, empört mich aufs tiefste. Ich habe meinen Vater im KZ verloren, meinen Bruder im Krieg, und ich bin schwerbeschädigt, auch durch die Nazis. Die Umtriebe der Nazis haben geringer angefangen als heute, als Treptow und die letzte Montags-Demo.

Allzu viele haben uns damals gesagt, dies ist nicht so schlimm. So wie Sie das heute als Mutwilligkeiten von Jugendlichen hinstellen oder unbesehen hinnehmen, dies waren vielleicht SED-Leute, und damit mit Ihrer Autorität diese Anfänge gewähren lassen. Vielleicht werden Sie erst aufwachen, wenn Sie vor den Trümmern Ihres Gewandhauses stehen.

11. Januar 1990 *Anonym*

Hiermit möchte ich Gelegenheit nehmen, Ihnen zu sagen, wie sehr wir Sie als Dirigent in Ihren vielen wunderbaren Auftritten mit Ihrem hervorragenden Orchester (leider nur immer im Radio oder Fernsehen) schätzen und verehren.

Gleichzeitig aber danken wir Ihnen für Ihre überaus große menschliche Wärme und Ihr selbstloses Eintreten für die Erhaltung des Friedens und besonders bei der Umgestaltung und Erneuerung in unserer derzeitigen politischen Situation.

Nichts ist besonders in dieser Zeit wichtiger als der Einsatz von vorbildlichen Persönlichkeiten wie Sie. Auf Sie hört man, Ihr Wort gilt mehr als das der Politiker. Wir wünschen uns mehr Menschen wie Sie.

Bei diesen Überlegungen kam mir der Gedanke, damit es in Zukunft bald und überhaupt besser funktioniert, brauchten wir eigentlich auch einen »Rat der Weisen«, den es in anderen Ländern wohl auch gibt. Als das erste Mitglied würden wir uns Sie wünschen.

Ich würde diesen Vorschlag gern an maßgeblicher Stelle anbringen, aber wer und wo ist die maßgebliche Stelle?

11. Januar 1990 *Dr. Hartmut K., Berlin-Karow*

Ich möchte Ihnen sagen, daß Sie mich sehr enttäuschen. Sie haben all die vierzig Jahre Privilegien genossen, das zu recht als international anerkannter Künstler. Aber man hat sie Ihnen auch nicht streitig gemacht. Und jetzt, wo ernsthafte Genossen versuchen, zu retten, was zu retten ist, da gehen Sie immer vorn bei der Demo und setzen Ihre Persönlichkeit nicht ein, daß solche Haßtiraden unterbleiben. Nein, Sie sagen noch, man solle den Rechtsradikalismus und Schmierereien nicht überbewerten. Ich würd mich ein bißchen schämen!

12. Januar 1990 *Anonym, Köthen*

Neulich kritisierten Sie im Fernsehen Radio DDR. Das ist zunächst einmal gut, denn Kritik hilft uns.

In diesem Falle haben Sie eine Nachricht zum Anlaß genommen. Hier bin ich der Meinung, daß die Kollegen der Nachrichtenredaktion ganz einfach die Pflicht haben, auch Aufrufe wie diesen zu veröffentlichen. Hätte jemand leichtfertig von »brauner Pest« in einem Kommentar gesprochen, wäre das ein anderes Ding und sicher auch der Diskussion wert.

12. Januar 1990 *Alfred E., Chefredakteur Radio DDR, Berlin*

Da die Möglichkeit besteht, daß Sie in die Politik berufen werden und es Millionen Bürger begrüßen würden, ist dazu einiges zu sagen.

Sie sind der Mann, der etwas ist, etwas darstellt, etwas dazu sagen kann, etwas kennt und etwas kann. Sie wären auch dazu berufen, Ostdeutschland aus dem Niedergang zu führen.

Aber nur in einer Partei, die für freie Wahlen, für Demokratie, freie Wirtschaft und für ein einiges Deutschland ist. Nicht eine Schlangenpartei voller Wendehälse, die dauernd ihren Namen ändert und nur wartet, bis sie wieder im Sattel sitzt. Millionen Bürger wollen damit nichts zu tun haben, wenn sie sich auch noch so winden. Lassen Sie sich nicht als Zugpferd ausnutzen.

Ich bin kein Politiker, bin 83 Jahre alt, war Handwerksmeister, selbständig. Mich hat die Partei zugrunde gerichtet und Tausende und Abertausende Handwerker, Kaufleute und Händler.

12. Januar 1990 *Heinrich H., Leipzig*

Köthen – Leipzig, wir haben doch enge Berührungspunkte: Johann Sebastian Bach. Was mich in jüngster Zeit sehr berührt, ist Ihr aufrichtiges Engagement in unserer umwälzenden Periode, dem Sie doch nicht nur viel Zeit, sondern auch aufopfernde Kraft gaben. Es gebührt großer Hochachtung, zu unseren revolutionären Massen zu sprechen, sie zu ermuntern und gleichzeitig zu ermahnen und beruhigen, ja noch weiter – von ihnen auch angehört und begriffen zu werden! Sicher wird Ihr Einsatz in der Politik befruchtet von der Sensibilität und Einfühlsamkeit Ihres Berufes.

12. Januar 1990 *Ute E., Köthen*

Hunderttausende »gewöhnliche« Menschen in unserem Land sind seit den Oktobertagen 1989 über sich selbst hinausgewachsen: sie haben ihre Angst überwunden und stellen sich öffentlichen Angelegenheiten.

Nun ist die Angst der Sorge gewichen. Die sich Sorgenden stellen sich an den Platz, wo sie dringend gebraucht werden – es gibt jetzt sehr viele sich Sorgende im östlichen Teil unseres Vaterlandes, und es gibt so vieles, um das wir uns sorgen müssen.

Eine Frage steht für mich über allen Fragen: Was werden die Menschen bei uns mit der neu gewonnenen Freiheit anfangen? Wird es eine Freiheit in der im Oktober '89 neu erfahrenen Würde sein?

Nach der Wahl braucht unser ostdeutsches Volk einen von der überwältigenden Mehrheit respektierten Präsidenten: er wird das Gewissen dieses Volkes im Aufbruch sein. Aufbruch bedeutet Bewegung. Damit Bewegung nicht zum Chaos wird, bedarf es eines mäßigenden Einflusses.

Als Privatperson bitte ich Sie hiermit, sich einem Ihnen angetragenen Präsidentenamt nicht zu versagen, denn wer, wenn nicht Sie, hat ein besonderes Gespür für die Dynamik unseres politischen Weges, für das Laut oder Leise, für das Schnell oder Langsam.

13. Januar 1990 *Gerhard C., Leipzig*

Bitte vergeben Sie mir, daß ich Sie mit diesem Schreiben und anschließendem Vorschlag belästige. Durch Fernsehen lernten wir Sie kennen und achten, besonders bezüglich Ihrer Handlungen für eine Veränderung und Verbesserung der politischen Situation in der DDR.

Seit vielen Wochen geht mir ein Gedanke nicht aus dem Kopf, den ich gern an eine zuständige Stelle weiterleiten möchte, jedoch keine Adresse kenne.

Ich bin nur eine einfache Rentnerin, die in unserer kleinen Stadt nicht unbedingt an die Öffentlichkeit kommen möchte, egal aus welchem Grund, sich jedoch über unsere Zukunft Gedanken und Sorgen macht.

Der Arm der früheren SED reicht noch recht weit. Auf seiten der Opposition bilden sich immer mehr kleine Gruppen und Parteien, was zu keiner Einigung und auch zu keiner Stärkung führt, so daß wir uns um das Ergebnis der bevorstehenden Wahlen sorgen müssen.

Nun frage ich: Brauchen wir unbedingt Parteien? Wozu??? Weil sich nur in verschiedenen Richtungen Fanatiker entfalten wollen, oder einfach nur, weil man es so gewöhnt ist? Es wäre doch ratsam, wenn sich jetzt all die führenden Köpfe zusammensetzen würden, um über die Verwirklichung einer besseren Zukunft für uns zu beraten und schnellstens danach zu handeln (siehe Runder Tisch). Dazu brauchen wir doch keine Parteien mit verschiedenen Strukturen. Parteien werden immer gegensätzlicher Meinung sein und sich herumstreiten. Also schaffen wir sie doch ab!

Leitende Personen, die einer Partei angehören, sind – vor dem Volk! – in erster Linie dieser Partei verpflichtet, und das ist nicht gut! Wir brauchen fähige Menschen – eine Staatsführung, verschiedene Minister, Land- und Stadträte usw. mit entsprechenden Mitarbeitern –, die nur für das Volk handeln. Warum also müssen diese Parteien angehören? Diese fähigen Leute müßten persönlich gewählt werden und jederzeit, falls sie sich nicht als fähig erweisen, absetzbar und ersetzbar sein. Richtig, wir kennen diese Personen nicht. Aber auch bei einer Wahl über Parteien kennen wir die von diesen vorgeschlagenen Politiker nicht. Also wieder die gleiche Frage: Warum Parteien?

Es wird auch ein vereintes Europa angestrebt, was wir unterstützen sollten. Wozu braucht man dann in jedem Land noch verschiedene Parteien, die sich nie einig werden? Gehen wir doch mit gutem Beispiel voran und schaffen wir diese ab für eine allgemein bessere Einigung.

Wollen sich die Leute organisieren, haben sie dazu Möglichkeiten in Gewerkschaften, Sport usw. Ist mein Vorschlag durchführbar, so drängt die Zeit. Die Initiative müßte ebenfalls wieder vom Volk ausgehen, das mit friedlichen Mitteln in letzter Zeit kurzfristig viel erreicht hat. Vielleicht würde auch dies vor den Wahlen noch gelingen – oder wenigstens als erstes eine Personenwahl, keine Parteienwahl, durchzusetzen.

14. Januar 1990 *Sigrid F., Schöneck*

Eine Fernsehsendung mit einem Gesprächsbeitrag von Ihnen regt mich zu einer Stellungnahme an. Wenngleich der DDR-Bürger auch unverschuldet einen wirtschaftlichen Nachholbedarf hat, wie auch bestimmt einen solchen an Glück und Paritätsbewußtsein, so kann er doch auf sich und seine Mitbürger stolz sein.

Er hat der Welt ein neues liebenswertes Bild des Deutschen vermittelt, das hohe menschliche Tugenden darstellt, die in unserer so lädierten Welt Nachahmungen finden möchten.

Wir Westler sind glücklich, zu Ihnen zu gehören! Herzlichen Dank für dieses Beispiel an Entschlossenheit, Mut, Disziplin und Solidarität.

14. Januar 1990 *Hans-Joachim K., Darmstadt*

Ich habe im Fernsehen die Sendung »Der 9. Oktober in Leipzig« gesehen. Diese Sendung hat mich so beeindruckt, daß ich mich verpflichtet fühle, Ihnen zu schreiben und vor allem zu danken. Was wäre ohne Sie, ohne Ihren Mut und Ihr Verantwortungsgefühl aus Ihrer jetzigen Heimat, Ihrer DDR geworden? Gewiß wäre es auch bei uns so gekommen, wie es in China und Rumänien gewesen ist. Auch frage ich mich, was aus Ihnen und Ihrer Familie geworden wäre? Ihrer Musik?

Möge Gott Ihnen Gesundheit und viel Kraft schenken, daß Sie, sehr geehrter Herr Professor Masur, noch viel für unsere zweite Heimat tun können. Auch ich bin Schlesierin und werde hoffentlich noch oft Ihre Konzerte hören können.

14. Januar 1990 *Erna E., Zechin*

Von Beruf bin ich »nur« Lehrerin. Ich gehöre also dem Berufsstand an, der heute für die fehlgeleitete Erziehung von vielen Kindern und Jugendlichen verantwortlich gemacht wird.

Meine Mutter war eine einfache Reinigungskraft, mein Vater ist im

Krieg gefallen. Um 1949, wir stammen aus Schlesien, mußte sie, um ihre Arbeit zu behalten, in die SED eintreten. Sie hatte nur eine Vergünstigung – die Arbeitsstelle zu behalten, um für mich zu sorgen. Ich wurde etwas auf Umwegen Lehrerin. Wie ich zur SED kam, können Sie sich selbst ausrechnen!

Privilegien wie viele unserer Künstler, Schriftsteller usw. haben Tausende von einfachen Menschen nie gehabt. Mir hat Erich Honecker nie eine staatliche Auszeichnung verliehen, ich brauchte nie »lobhudeln« und mich verbeugen.

Daß wir einfachen Menschen heute beschimpft werden, die in der SED waren, finde ich unerhört! Zu schämen haben sich doch ganz andere Leute. – Wenn man in Leipzig schreit: »Nieder mit der SED!«, so fühlen sich doch alte Leute und auch meine Generation davon betroffen.

Es gehört schon viel Mut dazu, daß jemand aufsteht und sagt, daß nicht alle einfachen SED-Mitglieder Lumpen und Verbrecher sind. Viele meiner Kollegen haben die DDR aus Furcht verlassen, wer weiß, was man mit den Leuten hier noch macht.

Etwas ist zur Gewißheit geworden: Viele meiner Schüler sind tüchtige, anständige, kluge Köpfe geworden, also kann auch nicht alles verkehrt gewesen sein.

14. Januar 1990 *Roswitha O., Magdeburg*

Ich habe mich bisher aus der »großen Politik« herausgehalten, wofür es verschiedene Gründe gibt, aber jetzt bin auch ich in Erregung geraten bzw. zum Nachdenken veranlaßt. Deshalb wende ich mich an Sie, da Sie mir in letzter Zeit als besinnlicher »Politiker« in Erscheinung traten.

Heute hatte ich ausreichend Gelegenheit, mir den »Runden Tisch« anzuschauen. Dabei hatte ich den Eindruck, daß man endlich aus der Zeit des »Zerredens« herausgekommen sei, und war demzufolge recht optimistisch. Aber wie erschrocken war ich, als ich erstmals seit Jahrzehnten beim Einkauf kein Brot erhielt. Als Ursache gab man mir an, daß heute in Gera gestreikt worden sei. Im gleichen Zusammenhang erfuhr ich, daß morgen der Kraftverkehr Gera streiken will. Da stelle ich mir die Frage, was soll das?

In diesem Sinne bitte ich Sie, alles in Ihren Kräften Stehende zu unternehmen und Ihren Einfluß geltend zu machen, daß wieder Ruhe und Ordnung in unser Land einziehen und wir uns gemeinsam nach guten neuen Zeiten sehnen können – im Moment denke ich doch mit etwas Wehmut an die alten ruhigen Zeiten zurück, wo ich zwar nicht immer ein »offenes Ohr« fand, aber dafür stets Brot im Regal und pünktlich zur Arbeit kam.

15. Januar 1990 *Ernst A., Gera*

Meine Zeilen an Sie sind Ausdruck größter Sorge um die gerade erst erkämpften revolutionären Möglichkeiten einer echten Erneuerung unserer Gesellschaft. Mit dem Einsatz der ganzen Person und ungeachtet von Folgen haben in vergangener schwieriger Zeit des Umbruchs viele Bürger alles gewagt. Sie, verehrter Herr Professor Masur, sind uns ein großes Vorbild, für ungezählte Mitstreiter in den Bürgerbewegungen.

Wenn auch viele noch ungeübte Menschen jetzt die Lethargie vergangener Jahre ablegen und sich für die weitere Demokratisierung einsetzen, so kann doch am Wahlsonntag alles umsonst gewesen sein.

Die Bürgerbewegung braucht für die nächste Etappe der Revolution, die Sicherung erster Erfolge und die Durchsetzung der Ziele gegen die Kräfte der stalinistischen Beharrung im alten Apparat, eine Symbolfigur! Die Weimarer Bürger haben bereits einige Zeichen gesetzt, bis hin zum Warnstreik.

Die Einheit der demokratischen Opposition ist auch jetzt die vordringlichste Forderung in der kommenden schweren Zeit.

Stellvertretend für viele meiner Mitstreiter bitte ich Sie, Ihre Autorität und geachtete Stellung im Lande, auch durch Ihre mutige Mitwirkung am unblutigen Ausgang der Ereignisse in Leipzig, an der Spitze der Bürgerbewegung einzubringen.

Die Reaktion von extrem links und rechts gilt es zu bekämpfen – zum Wohle des Volkes der DDR und weiterer positiver Schritte in Europa.

Das höchste Staatsamt – Staatsratsvorsitzender oder Präsident – für unsere Bewegung humanistischer und demokratischer Zukunft sehen wir in Ihrer verehrten Person am besten verkörpert. Im Namen vieler erwartungsfroher Bürger danke ich Ihnen für alles bisher für uns Getane!

15. Januar 1990 *Manfred L., Weimar*

Sie haben *den* Weg gefunden, nach dem ich acht Jahre lang suchte: Vor acht Jahren habe ich mich von der Zugehörigkeit der SED streichen lassen, als ich schon beim Fernsehen als Senderegisseurin von meinen Genossen schwerstens schikaniert wurde. Mit siebzig Jahren schied ich aus meinem Vertrag aus, aber die Schikane ging weiter, zumal meine Tochter 1982 mit ihrer Familie zu ihrem Vater nach Wien ging. Seitdem (und heute noch) wird mein Telefon abgehört, und Briefe von ihnen erreichen mich selten. Sie können sich vorstellen, wie ich mich freute, als man gestern abend hier in Lichtenberg das Stasi-Gebäude stürmte. Mit meinen jetzt 76 Jahren konnte ich nicht dabei sein, leider!

Vierzig Jahre lebte ich in dem jetzigen West-Berlin-Friedenau, ging dort noch in die SED, baute die DEFA mit auf (da ich vor dem Kriege bei der Ufa und TOBIS arbeitete) – enttrümmerte hier im Osten (mit einer Scheibe Brot am Tag!) und zog schließlich hierher, weil ich an den guten Sozialismus glaubte, 35 Jahre lang.

Warum löscht man nicht die SED überhaupt (ohne Anhängsel!). In ihr waren doch *alle* Parteien vereint, die nun am 6. Mai ihre Parteien wählen können?! Es ist so schade für den Sozialismus – der so menschlich ist – aber die Menschen sind wohl nicht dafür geschaffen! Oder?

16. Januar 1990 *Ursula P., Berlin-Lichtenberg*

Die Frage nach meinem Woher und Wohin habe ich mir von Zeit zu Zeit stellen müssen, vor allem im letzten Jahr. Und da war ein Erlebnis im November, als sich auch für mich der Westteil Berlins öffnete.

An einem dieser bewegenden Novembertage war es, daß ich in der Gedächtniskirche saß, nahe am Bahnhof Zoo. Über mir das wabenähnliche Gehäuse, der sechseckige Dom, durch dessen gläserne Wandstruktur mild und warm das Tageslicht flutete. Denn draußen gleißte die Sonne. Links vor mir der Gekreuzigte, schwebend und verklärt wie der Güstrower Barlach-Engel. Und jäh – wie Sirenengeheul im ostpreußischen Königsberg, als »anglo-amerikanische Bomber« ihre Last in den vierziger Jahren auf meine Geburtsstadt warfen – jäh wie ein Faustschlag ins Gesicht zog mein Leben an mir vorbei. Ich konnte meine Tränen nicht zurückhalten.

Ein halbes Jahr vor Ausbruch des Faschistenreiches geboren, wuchs ich in eine Zeit des Kriegsgeschreis hinein. Der Hitlerkrieg trieb auch mich mit Mutter und Geschwistern westwärts. Als ich später nicht die »Beamtenlaufbahn« des verstorbenen Stiefvaters einschlagen, sondern in einer Fabrik den Werkzeugschlosserberuf erlernen wollte, war meine Mutter nicht gerade erfreut. Ihre Enttäuschung wuchs, als ich mich später zur Volkspolizei meldete und dort gar Kandidat, nach Jahren auch Mitglied der SED wurde.

Das aber geschah erst 1954. Im März 1952 kehrte ich ins Zivilleben zurück, arbeitete dann in einem Berliner Großbetrieb, damals Siemens-Plania genannt, heute VEB Elektrokohle, als Schamottmann am Ofen 19. Daß sie es sind, die Arbeiter vor allem, die die Werte schaffen, damit wir alle leben können – wem muß ich das sagen? Alle Welt weiß es, am besten die Männer, die damals am Ofen 19 standen, die Frauen und Männer, die – wo auch immer! – ebenso heute tagein, tagaus das ihre dazu tun. Tags arbeitete ich damals mit den Kumpeln am Ofen 19, abends, nachts schrieb ich darüber. Mein Roman erhitzte die Gemüter, bevor er gedruckt wurde. Das Für und Wider zwang die Lektoren im Verlag, das frisch gesetzte Manuskript in einer Mini-Auflage von etwa zweieinhalb Dutzend Exemplaren Berliner Schriftstellern zum Lesen, zum Debattieren zu geben. Während der Aussprache in der Prosa-Sektion, die Dr. Wolfgang Joho damals leitete, spaltete das Gremium sich sofort in zwei feindliche Lager: Joho und andere prominente Kollegen waren für, JUNGE AUTOREN und Literaturkritiker gegen den Druck des Manuskriptes. Das Ergebnis dessen, was da solcherart zur Disposition gestellt worden war: Der Verlag bekam Angst vor der eigenen Zivilcourage und druckte das Gesetzte nicht. Es fehlte den Lektoren an sogenannter »Parteilichkeit«, dem damals wichtigsten Kriterium »künstlerischer Qualität«. All das geschah unmittelbar vor und Monate, Jahre nach dem Juni-Putsch 1953. Hoffend, daß ich dieses mehrfach überarbeitete Romanmanuskript drucken lassen könnte, blieb ich allein in der jungen Republik, als Mutter und Geschwister weiter westwärts zogen, 1954 (»legal«) ins andere Deutschland übersiedelten.

35 Jahre ist das her; inzwischen bin ich fast ein alter Mann, manchmal fühle ich mich auch wie ein gebrochener Mann. Und jetzt, da mein Leben fast zu Ende ist, da ich jahrzehntelang gerackert und geackert habe, mit Kopf und Herz und Hand, unendliche Sisyphusjahre, jetzt erst,

in diesem Augenblick in der Westberliner Gedächtniskirche wird mir bewußt, was da ein Leben lang mit mir geschehen ist: Hab' ich mich nicht immer, zeitlebens als Kämpfer, als Subjekt, nie als Objekt gefühlt? Jetzt aber ist nichts mehr davon übrig geblieben; jetzt ist nur dies da, dieses eine Gefühl da: Mißbraucht von ehemals verdienstvollen Genossen, die zu Manipulatoren geworden waren, die öffentlich Wasser predigten und heimlich (und öffentlich!) Wein tranken, von Genossen, die die Ausbeuter und die Ausbeuterei »des Menschen durch den Menschen« verdammten und begeiferten, aber mir und meinesgleichen (wie beispielsweise den Männern am Ofen 19 und anderswo) die Dreckarbeit überließen und letztendlich uns ausnutzten, ja ausplünderten, während sie selber in Wandlitz wie Gott in Frankreich lebten. Einem Mitglied im alten Politbüro schrieb ich um den Jahreswechsel 1988/89 Briefe, als mir das Wasser bis zum Hals stand, als ich erneut Repressalien und Demütigungen ausgesetzt war, weil ich als Freundschaftsfunktionär und Propagandist der UdSSR-Perestroika jenen heutigen Wendehälsen im Wege war, die auch in diesen Novembertagen noch mich schikanieren, verunglimpfen, verhöhnen.

All das bekam ich in jenen Sekunden mit der Kraft eines Fausthiebes in der Gedächtniskirche zu spüren, ohne daß ich's in jenem Augenblick schon hätte benennen können. Und da brach es aus mir heraus, das Schluchzen, die Tränen.

Ich sehe keinen Grund, mich dieser Tränen zu schämen, sie gar zu verheimlichen. Nein, ich habe nie mit den Wölfen (und schon gar nicht mit den »Tapezierern«) geheult. Ich bin auch nicht in diesen Oktober- und Novembertagen auf die Straße gegangen, weder mit den einen noch mit den anderen. Zu lange, zu oft bin ich bei derlei öffentlichen Aufmärschen mißbraucht worden, allzulange. Aber ich bin aufgestanden, seit dem »Sputnik«-Verbot, seit dem Herbst 1988 in jeder Parteiversammlung, die ich miterleben durfte, habe mein Wort gesagt, laut, deutlich, mahnend, warnend. Und ich sage es HIER hinwiederum erneut.

Nein, ich schäme mich meiner Tränen in der Gedächtniskirche nicht. Kraft gaben mir, dem Kommunisten, die Bibelworte, die ich dort las: »Unser Glaube ist der Sieg, der die Welt überwunden hat.« Seit wann »glaubt« denn ein Marxist? Aber genügt es nicht, das religiöse Wörtchen »Glaube« durch den heutzutage vielstrapazierten Begriff »Vertrauen« zu ersetzen? Also: Kraft und Zuversicht schöpfte aus den Bibelworten auch ich, denn auch unsereiner, Atheist, Leninist, braucht außer dem Wissen, das ihn sehfähig macht, den Glauben (Gleichheitszeichen: das Vertrauen) an das Gute im Menschen, an sich selbst und seinesgleichen, den Glauben (= das Vertrauen) an den Sieg der Vernunft, den Glauben und das Vertrauen, die ihn streitbar und all seine Leiden und Ängste überwindbar machen. Gewidmet sind die Glaubens-, die Siegesworte in der Gedächtniskirche den Opfern der, den Streitern gegen die Hitlerei.

Als ich an jenem Novembertag schließlich die Gedächtniskirche verließ, sagte ich mir: Was hatten jene Arbeiter, Christen, Pfarrer, Offiziere, Kommunisten, Sozialdemokraten, Juden, Soldaten der letzten Stunde, Menschen (Deutsche und Ausländer) von überall her, die gegen die braune Flut schwammen, was hatten sie alle erdulden, erleiden müssen, in Zuchthäusern, Gestapo-Kellern, Konzentrationslagern und sonstwo, gemessen an dem, was ich bisher auszustehen hatte? Und obwohl sie Objekt, wehrlos, ja »nackt unter Wölfen« waren, blieben viele von ihnen doch kampfbereit, also Subjekte, Handelnde, leidend und aktiv zugleich, manch einer bis zu seiner Todesstunde. Und ich schwor mir, noch mehr, viel mehr zu tun, mich nicht unterkriegen zu lassen, jetzt erst recht mobil, aktiv, noch selbstfordernder zu werden, zu kämpfen bis zum letzten Tag meines Lebens, bis zum letzten Atemzug.

17. Januar 1990 *Wolfgang K., Berlin-Karlshorst*

Fast einigermaßen schockiert habe ich Pressemitteilungen vernommen, nach denen Sie von verschiedenen Gruppen und Parteien als Staatspräsident für die DDR vorgesehen sind. Ich stelle nicht in Zweifel, daß Sie diese Aufgabe einigermaßen gut ausüben könnten, nachdem Sie sich so hervorragend bei den Leipziger Demonstrationen eingesetzt haben, um Ausuferungen zu vermeiden. Ich habe bisher eine große Hochachtung für Ihre künstlerischen Leistungen empfunden und schätze Sie hoch als Künstler. Ich bin aber der Meinung, Sie sollten bei diesem »Leisten« bleiben.

Die bisherige Entwicklung hat gezeigt, daß vom vielgepriesenen »Leipziger Heldentum« in den Oktobertagen 1989 nicht allzuviel mehr übriggeblieben ist. Ich bin auch der Meinung, daß hier die Medien an gewissen Übertreibungen nicht schuldlos sind. Anderenorts wurde genauso die SED-stalinistische Ära aus den Angeln gehoben. Heute ist Leipzig schon wieder fast eine Heldenstadt, aber in einem anderen Sinne. Es regiert nämlich dort so heftig wie in keiner anderen Stadt der DDR die »braune Pest«. Es ist auch nicht zufällig, daß sich doch recht viele westliche Politiker – vor allem aus der BRD – anmaßen, ausgerechnet in Leipzig ihre gesamtdeutschen Gelüste kundtun zu müssen.

In das gleiche Horn blasen jetzt die Gruppen und Parteien, denen Sie als Staatspräsident Fahnenträger und Aushängeschild sein sollen. Diese Wahlpropaganda, der Sie nun zum Opfer fallen sollen, soll eigentlich nur dazu dienen, bestimmten Parteien eine Aufwertung zu geben.

Wenn Sie dieses Amt übernehmen sollten, würden Sie nicht mehr gewinnen, als Sie jetzt als Künstler national und international sind. Sie können aber alles verlieren. Ich bin der Meinung – ohne Sie irgendwie unterschätzen oder abwerten zu wollen: Sie sollten, so wie Sie sind, der ganzen Bevölkerung als hochgeehrter Künstler erhalten bleiben.

17. Januar 1990 *Herbert K., Zschopau*

Wir müssen Ihnen sagen, wie unendlich dankbar wir Ihnen für Ihr mutiges und großartiges Wirken für die Befreiung all unserer geliebten Landsleute im anderen Teil Deutschlands sind, die allerdings noch einen unendlich beschwerlichen Weg vor sich haben werden.

Eines nur enttäuscht uns unsäglich. Warum sträuben Sie und andere intellektuelle Kreise – auch hier bei uns – sich so sehr gegen eine Wiedervereinigung?? Das ist doch die natürlichste Sache der Welt, daß wir alle – künstlich voneinander getrennt gehalten – zusammengehören!! Glauben Sie nicht, daß uns, die wir hier in der Freiheit leben konnten, auch die Wunde des geteilten Deutschlands all die Jahre tief schmerzte? Wir konnten uns jetzt mit vielen Menschen aus der DDR unterhalten, die mit uns vereint sein möchten! Die »andere Hälfte« würde immer ein für sich existierender, kranker, nicht lebensfähiger Teil bleiben!!

Das Silvesterkonzert war einmalig schön!!!

17. Januar 1990 *Familie M., Berlin-West*

Zuerst möchte ich Ihnen recht herzlich zur Verleihung der Ehrenbürgerwürde der Stadt Leipzig gratulieren. Schließlich haben wir es Ihnen und den anderen fünf besonnenen Leipziger Bürgern und Genossen zu danken, daß die Ereignisse in den Oktobertagen einen anderen Verlauf nahmen, als sich das unsere alte Regierung dachte. Wir finden, daß Ihre Vernunft, Einsicht, Toleranz und realistische Sicht gerade in diesen bewegten Tagen für viele Menschen ein Beispiel sein können.

Gerade auch diese Ihre persönlichen Eigenschaften sind es, welche den eigentlichen Grund unseres Schreibens ausmachen. Als »Hausherr« im »Stadtpfeiffer« *[kleines Restaurant im Komplex des Neuen Gewandhauses]* waren Sie letztendlich mit schuld daran, daß unsere Hochzeitsfeier anders ausfallen mußte als geplant.

Am 21. Dezember 1989 waren wir nämlich mit unseren Gästen im »Stadtpfeiffer« zum Essen eingeplant. Unser Erstaunen war recht groß, als wir um elf Uhr erfuhren, daß diese Räumlichkeiten wegen einer Protokollveranstaltung Ihnen und der Delegation des französischen Staatsoberhauptes vorbehalten waren.

Zwar verlief auch im »Ersatzrestaurant« das Essen recht angenehm, aber wir waren doch enttäuscht, hatten wir uns doch für diesen besonderen Anlaß die besondere Atmosphäre des »Stadtpfeiffers« gewünscht.

Obwohl wir einsehen, daß politische Gespräche über Landesgrenzen hinweg gerade in dieser Zeit wichtig sind, meinen wir doch, daß die getroffene Entscheidung am 21. Dezember 1989, die unsere »Ausladung« betraf, ganz dem Stil der alten Zeit entsprach. Von der Korrektheit her waren wir die zuerst angemeldeten Gäste, die den politischen Interessen »Größerer« weichen mußten.

Wir wollen Ihnen nur mitteilen, daß wir damit auch im Sinne unserer heutigen Auffassung von Demokratie und Gerechtigkeit nicht einverstanden sind. Wir wünschen Ihnen für 1990 trotzdem persönlich und beruflich alles Gute!

17. Januar 1990 *Torsten und Martina W., Leipzig*

Wir sind eine Gruppe von Bürgern, der alle Altersgruppen angehören und die von einer tiefen Sorge um unser Land erfüllt ist. An Sie wenden wir uns, weil wir Verehrer Ihrer Kunst sind und weil wir Ihren persönlichen humanistischen Beitrag bei der demokratischen Umgestaltung hoch einschätzen.

Besorgt sind wir aber auch, daß jetzt alles mehr zur Gewalt drängt und sich unser Land dem Abgrund nähert. Es wäre an der Zeit, mit Ihrer Persönlichkeit dem entgegenzuwirken, denn wenn man schon in die Politik einsteigt, dann sollte das mit Objektivität und Konsequenz erfolgen. Wir können uns nicht vorstellen, daß Sie nicht sehen wollen, daß sich die Montags-Demos in Ihrer Stadt vom Inhalt und Charakter her vollkommen verändert haben. Vorherrschend bestimmen nationalistische und chauvinistische Parolen diese Veranstaltungen, und die Gefahr der Gewalt gegen Andersdenkende nimmt immer mehr zu. Und leider sind davon auch nicht die Männer ausgenommen, die gemeinsam mit Ihnen den Aufruf unterzeichneten. Beispiele sind wohl die Ereignisse am 15. Januar, wo es die ersten Zusammenstöße in Ihrer Stadt gab und marodierende Horden in Berlin wüteten. Wo bleibt Ihre Stimme dazu, Herr Masur? Sie haben uns in dieser Hinsicht bitter enttäuscht. Wir fragen uns ernsthaft nach dem weiteren Sinn dieser Demos, die Emotionen hochtreiben und sicher dann bald nicht mehr beherrschbar sein werden.

Sehen Sie denn nicht – oder wollen Sie nicht –, daß diese Demonstrationen nicht mehr die sind, die Sie als so »lieblich und friedlich« bezeichneten? Befremdet sind wir auch über Ihre Haltung zum Neofaschismus. Sie verniedlichen und bagatellisieren, obwohl auch die Montags-Demos in Leipzig die zunehmende Gefahr immer mehr verdeutlichen. Hier wird Ihre Haltung, Herr Professor, schon zur Gewissensfrage, und Ihre lakonischen Stellungnahmen mit Andeutungen in die falsche Richtung sind schon Begünstigungen für die wiederentstehende braune Gefahr. Wenn wir nicht im Chaos versinken wollen, dann wäre es auch an der Zeit, ein Wort bzw. einen Appell von Ihnen zu vernehmen, der aufruft zur ordentlichen und kontinuierlichen Arbeit. Geredet wurde und wird genug, aber davon kann wohl auf die Dauer keiner leben.

In der Stadt Leipzig wurde viel gesündigt bei der Erhaltung ihrer Bausubstanz, und dadurch wirken Teile dieser Stadt auch recht verkommen. Diese Verkommenheit sollte jedoch nicht noch durch Unsauberkeit erhöht werden, denn hierfür ist jeder verantwortlich. Vielleicht schauen Sie sich mal Ihr Bahnhofsgelände an – es ist wohl das dreckigste und unästhetischste, was man in der DDR finden kann. Durch Reden geht der Dreck nicht weg. Rufen Sie doch Ihre Demonstranten mal auf, ihr Können und ihre Bereitschaft durch freiwillige Arbeitseinsätze unter Beweis zu stellen. »Heldenstadt« zu sein verpflichtet, denn sonst wird es die »Dreckstadt der Republik«.

Herr Professor Masur, wir erwarten von Ihnen Konstruktivität und Objektivität, um eine weitere gewaltfreie Umgestaltung zu sichern und Neofaschisten keine Chance zu bieten. Halbheiten nützen niemandem und sind gefährlich. Wenn Sie es nicht können, dann handeln Sie nach der Losung »Schuster, bleib bei deinem Leisten«.

Entschuldigen Sie bitte, wenn wir anonym bleiben, aber die Angst vor Verfolgung ist gewachsen, so wie eben auch unser Vertrauen zu Ihnen geschwunden ist. Ist es nicht schlimm, wenn Menschen schon ihren ehrlichen Namen verschweigen?

18. Januar 1990 *Anonym, Plauen*

Ich möchte Ihnen vielmals danken für Ihr Eintreten für uns alle seit den Oktobertagen 1989. Ganz besonders noch für Ihre Worte in der Bürgerrunde »Denken über Deutschland« am 7. Januar 90. Es hat mich sehr beeindruckt, daß Sie gegen die Bildung neuer (alter?) Feindbilder sprachen. Ich – Jahrgang 1927, ausgebombt im Februar 1945 in Dresden, parteilos, Pazifistin – habe die letzten Jahrzehnte als besonders unerträglich empfunden, wie erst unsere Kinder und nun meine Enkelkinder vom Kindergarten an mit Feindbildern »erzogen« (verhunzt ...) wurden.

Ich wäre sehr glücklich, wenn ein Mann Ihrer Gesinnung an der Spitze einer neuer Regierung stünde.

18. Januar 1990 *Ruth E., Eisenhüttenstadt*

Sie sind, durch Ihren großen Einsatz, zur Symbolfigur für die Hoffnung geworden. Damit haben Sie eine große Verantwortung übernommen und sich, ohne im Herbst die jetzige Situation zu ahnen, in den Dienst der Menschen begeben. Die Töne, die von Ihnen kamen, erreichten alle.

Nach Ihrer letzten Rückkehr aus Japan äußerten Sie, daß Ihre Gedanken während des Gastspiels immer in Leipzig weilten. Dieser Zustand wird Sie auch in Zukunft begleiten, um so verstärkter, da Sie wüßten, hier werden Sie gewünscht und gebraucht.

18. Januar 1990 *Brigitte u. Horst B., Althen b. Leipzig*

Bitte gestatten Sie mir ganz kurz, Ihnen meinen Dank, der aus tiefstem Herzen kommt (ich habe vier Jungs im Alter zwischen 19 und 27 Jahren), zu sagen und einige Gedanken zu den Ereignissen um den 7. Oktober 89, die sich ja so lange hinziehen, und ich befürchte, daß sie zu keinem befriedigenden Ergebnis kommen.

Herr Krenz schob gestern den Schießbefehl wieder auf die nächsthöhere Ebene... Ich finde, man müßte die Frage anders stellen. Auch Honecker könnte letztendlich sagen, er habe dieses »Legt an, Feuer!« nicht befohlen, und ist damit gut raus. Die Frage steht doch, inwieweit jeder einzelne dieses Machtapparates es zulassen konnte, daß unsere Jungs schwerbewaffnet Tausenden von Menschen gegenübergestellt wurden. Was wäre gewesen, wenn einer dieser 18- bis 25jährigen die Nerven verloren hätte? Der gesamte Apparat gehört vor Gericht, der ein System von Angst im ganzen Land aufgebaut hat. Man sah die Jungs ja vor der Kamera, ratlos, voller Angst, vor die Alternative gestellt, Befehlsverweigerung (scheinbar undenkbar bei uns!) oder auf Brüder, Schwestern, Bräute zu schießen. Man darf nicht fragen, wer hat was nicht getan, sondern was hat jeder einzelne nach seinen Möglichkeiten dagegen getan. Ihnen, einem Außenstehenden, ist es gelungen, und dafür, Herr Professor, meinen Dank und meine Hochachtung.

18. Januar 1990 *Anne-Christiane P., Gößnitz*

Musik – Sprache der Welt! Auch wenn Sie sich diesem Leitgedanken verschrieben haben – am Tag der großen Wende haben Sie durch Ihr persönliches Engagement, den Künstler im Rücken, wahrscheinlich Schlimmes verhindert. Dafür wird Ihnen jeder dankbar sein, auch wer die damals heikle Situation nur per Fernsehen verfolgen konnte. Selbst wenn ich nur einer von vielen tausend bin, möchte ich Ihnen hiermit Respekt und Achtung zollen, haben Sie doch Ihr hohes Ansehen mit Erfolg in die Waagschale geworfen. Es wäre sehr zu begrüßen, würden Sie, dem südlichen Nachbarn gleich, in Berlin den Taktstock führen.

18. Januar 1990 *Anonym, Brandenburg*

Die besinnlichen Festtage warfen bei mir, meiner Frau, unserer in der Abiturklasse stehenden und unserer kleinen, schwerstbehinderten Tochter die Frage auf: Wie geht es weiter? Unser Herzenswunsch: Möge ein solcher Mann wie Professor Masur als Präsident an der Spitze unseres Staates stehen.

Wenn Sie es mit Ihrem Gewissen und Ihrem herrlichen Beruf, und da sind Sie schon lange Repräsentant unseres Staates, vereinbaren können, akzeptieren Sie ein solches Angebot, wenn es an Sie herangetragen wird.

Ich gehöre der SED/PDS an, bin 61 Jahre alt. Auch ich stehe vor der Frage: Widmest du dich nur noch deinen Patienten in der von mir geleiteten HNO-Klinik und den vielen ambulanten Patienten und überläßt die Aufgabe eines Ärztlichen Direktors in diesem problemgeladenen Kreis Bitterfeld einem anderen? Wem?

Ich stehe wie viele unter erheblichen psychischen Belastungen – nicht weil ich persönliche Anwürfe bekomme, sondern weil man in dieser Zeit der emotionalen Explosion einfach eine Zielscheibe braucht. Von den siebzig Ärzten meiner Einrichtung verließ nur einer in den bewegten Tagen unser Land, und das in Bitterfeld. Ist das nicht Grund zur Hoffnung und Anlaß, auch für etwas Verantwortung zu tragen, wofür man keine direkte Schuld trägt? Das belastet mich nicht allein. Ehemalige Mitglieder meiner Partei, die hofierten und sich um einen Platz neben Ibrahim Böhme *[damals Vorsitzender der DDR-SPD]* regelrecht bewarben und stritten, entdeckten plötzlich ihr »demokratisches Herz« und verließen ihre Idee – oder brauchten sie diese gar nicht erst zu verlassen?

Ja, da stehe ich nun. Ich habe meinen Kreisarzt um Abberufung gebeten. Meine Freunde sagen: »Bleibe.« Und was Freunde sagen, bedeutet mir viel.

Ich wünsche Ihnen viel Kraft, eine strotzende Gesundheit und viele Stunden der Freude und Erbauung.

19. Januar 1990 *Dr. med. Hansjürgen B., Zörbig*

Lassen Sie sich aufrichtig meine Bewunderung für Ihre Taten ausdrücken, auch namens meiner Frau. Taten politischer Art hätte ich von Ihnen nicht erwartet. Ich hoffe, daß Ihnen etwas Glück beschieden sein wird. Sie und Ihr Volk werden es bitter nötig haben. Über die grandiose Entwicklung staune ich. Aber nicht ohne Bängnis. Wir denken oft an Sie und Ihre Mitstreiter.

In den Tagen der Aufstände wurde meine Oper »Dantons Tod« in Karl-Marx-Stadt aufgeführt. Das rechte Stück zur rechten Zeit, meine ich.

19. Januar 1990 *Gottfried von E., Komponist, Rindlberg/Österreich*

Am 15. Januar 1990 fand in Jena ein Warnstreik statt, den etwa ein Drittel der Bürger mit dem Besuch einer Kundgebung verband. Neben Diskussionen über hinlänglich bekannte Forderungen war aber auch deutliche Betroffenheit darüber zu spüren, daß es inzwischen BRD-Politiker gibt, die eine Passage der DDR-Nationalhymne auf dem Boden der DDR für ihren Wahlkampf in der BRD mißbrauchen.

Für die Demokraten unserer Deutschen Republik ist die Losung »Deutschland, einig Vaterland!« auch die kürzeste Fassung eines Appells zur Rückbesinnung auf die antifaschistisch-demokratische Verfassung der DDR von 1949 – und insbesondere auf deren Artikel 1 – als Ausgangspunkt für alle weiteren Überlegungen.

Offensichtlich setzen bestimmte Demagogen darauf, daß viele Wähler wenig oder nichts von der Unumkehrbarkeit bestimmter Aussagen verstehen oder dies nur bei deutlichen Beispielen erkennen können (z. B. folgt aus der Tatsache, daß alle Esel Säugetiere sind, nicht, daß auch alle Säugetiere Esel sind). In diesem Sinne waren demokratisch gesinnte Menschen meiner Umgebung empört über die suggestive Unterstellung, daß jeder, der auf dieses »Deutschland, einig Vaterland« verweist, auch Anhänger einer BRD-Partei wäre, weil diese ja diese Losung im Munde führe.

Wenn sich aber gar – offensichtlich in Ermangelung eigener Ideen – eine Partei der BRD die erwähnte Passage unserer Nationalhymne als zentrale Wahlkampfparole aneignet, dann muß doch wohl auch die Frage nach juristischen Konsequenzen dieses geistigen Diebstahls, dieser Entwendung, dieses Mißbrauchs geistiger Grundwerte unserer friedlichen, demokratischen, also gleichermaßen antistalinistischen und antifaschistischen Revolution gestattet sein.

Da kein Rechtshilfeabkommen mit der BRD existiert, hoffe ich, daß Sie als ein für Mißtöne sensibler Fachmann noch andere Wege sehen. Könnte nicht zum Beispiel die AWA [Anstalt zur Wahrung der Aufführungsrechte] gegen diese Annexion geistigen oder künstlerischen Eigentums eine milliardenschwere Forderung geltend machen? Der Schaden, der den Demokraten der DDR durch diesen Mißbrauch zugefügt wird, ist unermeßlich hoch.

Ich habe nur versucht, einige Stimmungen und Anregungen weiterzugeben. Wenn Sie einen Weg sehen, um diese Plagiatoren wenigstens der Lächerlichkeit preiszugeben, bitte ich Sie, etwas dafür zu tun.

21. Januar 1990 *Dr. Fritz J., Jena*

Ich habe mich in meinem Leben nie besonders politisch betätigt; jetzt verspüre ich aber den Drang in mir, doch einmal meine Meinung zu sagen, und das ganz einfach und »hausbacken«.

Ich bitte Sie ganz eindringlich und herzlich, in jedem Falle Musiker – Gewandhauskapellmeister – Künstler zu bleiben! Selbstverständlich halte ich Sie auch für ein Staatsamt geeignet, aber mir scheint wichtiger zu sein, das Ohr an den Massen zu haben und als Mann des Volkes die Regierung zu beraten. Ich finde einen »Aufpasser« im positiven Sinn des Wortes – oder sollte ich lieber Mittler sagen – sehr wichtig. Außerdem täte es mir für Sie persönlich in der Seele leid, wenn Sie »untergebuttert« würden. Soweit meine Meinung zum Thema. Ich teile sie mit vielen anderen Bürgern des Landes.

Auch ich will mich als einfache Arbeiterin mit meinen bescheidenen Mitteln (mein Mann natürlich auch!) für Fortschritt und Frieden in unserem Land einsetzen.

21. Januar 1990 *Elisabeth B., Stenn*

Hören Sie auf, im Fernsehen zu sprechen! Ihre Konten sind sehr hoch, haben von Honecker viel Geld und Auszeichnungen erhalten. Habe noch nichts gehört, daß Sie sich von denen getrennt haben.

Herr Masur, Sie haben noch nicht begriffen, was »braune Pest« ist! Sie haben eine Ausländerin als Frau!!! Ausländer werden von den Republikanern – braune Pest – bekämpft!!!

22. Januar 1990 *Anonym, Oelsnitz*

Diese Zeilen schreibe ich an Sie, weil ich für Sie wegen Ihres besonnenen und klugen Auftretens im Oktober in Leipzig große Hochachtung empfinde, aber auch, weil mich die jetzige Situation in unserem Land sehr beunruhigt.

Wenn wir auch nur in einem kleinen, im Vergleich zu Leipzig unbedeutenden Ort wohnen, so haben wir die damaligen Ereignisse in Ihrer Stadt doch sehr aufmerksam und mit Bewunderung verfolgt.

Die letzten Montagsdemonstrationen in Leipzig jedoch flößen mir nur noch Angst ein. Von Demokratie und Toleranz kann dort wohl keine Rede mehr sein. Die, welche zur Zukunft unseres Landes eine andere Meinung haben, mit unserer Fahne auftreten, werden niedergebrüllt und sogar bedroht. »Nieder mit der SED«, »Rote raus!« sind wohl zur Zeit nach der Losung »Deutschland, einig Vaterland« die beliebtesten. Wie weit ist es noch bis zur Losung »Schlagt ihre (neuen) Führer tot!«? – All das erzeugt Angst, soll es ja wohl auch. Vielleicht bekommt man die SED schon vor den freien Wahlen klein. Das ist zwar nicht demokratisch, aber sehr rationell. Ich kenne viele, die die Partei aus politischer Angst verlassen, denn die Stimmung von Leipzig breitete sich aus und machte auch hier nicht halt. Undifferenziert und ziemlich gemein werden Menschen beleidigt und bedroht, nur wegen des »Makels«, SED-Mitglied zu sein.

So wurde unser stellvertretender Bürgermeister – zugegeben, keine sehr kompetente Persönlichkeit, aber auch kein Verbrecher oder Betrüger – an seinem Geburtstag von einer Horde Jugendlicher aus seinem Haus geholt, nachdem sie auf der Straße die für meine Begriffe viel zu sehr strapazierte Losung »Wir sind das Volk!« gebrüllt hatten. Er wurde von ihnen beschimpft und bedroht, und nur das Eingreifen besonnener Geburtstagsgäste verhinderte Schlimmeres (diesmal noch!).

Roheiten unter den Schülern nehmen zu; Schüler, die eine andere Meinung haben, werden isoliert (sie haben mehr Mut als die Erwachsenen). Sogar den Hitlergruß konnte man hören. Das von Rosa Luxemburg so berühmt gewordene Zitat scheint bei uns schon wieder sehr verpönt.

Ich habe jedenfalls Angst! Ich bin Mitglied der SED, kein Stalinist und kein Mitglied der Stasi wohlgemerkt, und ich denke, nicht mehr verbrochen zu haben als die meisten Menschen um mich herum mit oder ohne Parteiabzeichen. Noch nie in meinem Leben habe ich Menschen wegen ihres Glaubens oder ihrer anderen Meinung beleidigt oder verurteilt. Ich liebe meinen Beruf als Lehrerin sehr, aber wie lange werde ich ihn noch ausüben dürfen?

Ich bin 45 Jahre alt, meine Eltern waren Flüchtlinge aus Ostpreußen, Vater ist im Krieg gefallen, wir sind drei Geschwister, und zwei haben studiert. Ist es verwunderlich, daß wir am Sozialismus hängen? Unserer Auffassung nach haben wir gut gelebt. Zumindest sind wir der Auffassung, daß es wohl Millionen Menschen auf der Welt auch unter kapitalistischen Bedingungen schlechter geht als uns.

Ist es unsere Schuld, daß der Begriff Sozialismus so mit Schmutz bedeckt wurde? Ich bitte Sie sehr, versuchen Sie, Ihren Einfluß auch weiter geltend zu machen, daß die Entwicklung, die so gut begann, auch ein menschliches Ende findet.

23. Januar 1990 *Marlies Sch., Altdökern*

In Besorgnis schreibe ich Ihnen diese Zeilen. Ich sah Sie im Fernsehen und hörte Ihre Meinung zu den neofaschistischen Tendenzen. Ich hoffe, Sie behalten recht, daß diese Gefahr nicht überbewertet werden darf. Aber unterbewertet werden darf sie meiner Meinung nach ebenfalls nicht. Ich bitte Sie daher, Ihr Augenmerk auch auf diese Tendenzen zu richten. Ich hoffe stark, Sie mögen sich nicht irren, da Sie ja eine sehr wichtige Persönlichkeit sind. Ein Irrtum wäre wiederum tödlich für viele Menschen. Bis jetzt war jeglicher Waffenbesitz für die Menschheit von weitaus größerem Schaden, wenn er in den Händen der Waffenmonopole gewesen ist! Diese Erkenntnis steht wohl außer Zweifel. Dabei habe ich vor allem Hiroshima und Nagasaki in meinem Kopf.

24. Januar 1990 Kristina P., Leipzig

Als ein geborener Wurzener, der 1953 seine Heimatstadt 28jährig verlassen hat, weil er das SED-Regime nicht mehr ertragen konnte, nehme ich besonderen Anteil an dem Schicksal der Menschen, die trotzdem dageblieben sind.

Da mich damals als jungen Menschen das Leipziger Kulturleben faszinierte und ich noch im alten Gewandhaus Prof. Abendroth, später in den Zoosälen Ihren Vorgänger Konwitschny und in der Thomaskirche Günter Ramin gelauscht habe, hat mich 1960 der Weggang des Thomaskantors Prof. Kurt Thomas sehr berührt, der seinerzeit in Westdeutschland großes Aufsehen erregte. Sein Brief an Walter Ulbricht wurde in den hiesigen Zeitungen veröffentlicht.

Mit den gleichen zwiespältigen Gefühlen habe ich vor Jahren Ihren Auftritt mit dem Gewandhausorchester in der Beethovenhalle in Bonn miterlebt, als die gesamte linke Prominenz dem Sendboten aus dem sozialistischen Deutschland Reverenz erwies.

Gleichwohl möchte ich aus heutiger Sicht den Satz aus dem seinerzeitigen »Welt«-Kommentar unterstreichen, in dem es heißt: ». . . verneigen wir uns in Achtung vor solchen Menschen, die es für ihre Pflicht halten, drüben auszuharren.«

Wir haben in Deutschland miteinander ein schweres Erbe aufzuarbeiten. Deshalb meine ich, daß es notwendig ist, solche Gedanken einmal auszutauschen.

25. Januar 1990 *Hans R., Mayen*

Wir sind aus dem Senftenberger Braunkohlenrevier. Ich bin Jahrgang 1932, mein Mann 1927. Wir haben noch Krieg und Faschismus erlebt. Vor allen Dingen die schweren Jahre des Aufbaus nach 1945. Jung sind wir gewesen und haben schwer gearbeitet, mußten auf vieles verzichten, was das Leben angenehm macht. Niemand kann sagen, daß es uns heute schlecht geht. Was unsere alte Regierung gemacht hat, ist gemein und schlecht. Wie soll die neue Regierung in ein paar Wochen alles umgestalten? Sie geben sich doch Mühe. Niemals werden wir wollen, daß unser Land verkauft wird. Wir sind auch das Volk. Alles fleißige, anständige Menschen. Nicht nur die Schreihälse in Leipzig. Macht es Ihnen nicht angst, daß speziell in Leipzig der Faschismus wieder herbeigewünscht wird? Wer hat denn schon einmal unser Land aus Schutt und Asche wieder aufgebaut? Unser Volk. Und wir, das Volk, wir haben Angst.

Bitte tun Sie etwas. Sie sind doch der Initiator der Montags-Demo. Wenn es zu spät ist, geht diese furchtbare Lawine auch vielleicht an Ihrem Haus nicht vorbei. Übrigens geht mir Ihre Musik unter die Haut.

26. Januar 1990 *Herta B., Senftenberg*

»Können Noten Schicksale haben« – damit hat uns in Ost und West Ihr Geist aufgeweckt, wie groß und erhaben es doch ist, wie man die Noten dirigieren wird, wie wir inspiriert werden von der Wahrheit, die Genies uns künden, und wie wir nun anders sind und anders dirigieren, nachdem wir das erlebt haben, was die Revolution des verstehenden Herzens im Volk, das wir sind, hervorgebracht hat: Neubeginn als Aufbruch, Erkennen der Fehler und Abschütteln der elenden Macht, Geist und Körper zu schinden, das Wohl der Welt zu mißachten und Verrücktheiten nachzuspinnen.

Ihre Musikalität beeindruckte mich immer sehr. Ich gehöre auch zu denen, die heute sagen, alle Heilung kann heute am ehesten vielleicht allein nur über die Musik kommen. Wir alle müssen ermuntern, die Dämme des Zögerns wegzureißen. Alle wollen hören, erleben, erhoben werden und begeistert mitwirken an den großen Gütern, die das Menschenleben in einer heilen Welt bewirken kann. Sozialismus ist nicht das Wort der Gegenwart, sondern Freiheit wozu!

Ihr Wesen aus der Musik hat erahnt, was zu tun sei, daß Gewalt und Blutvergießen als absolut störend weggelassen werden konnten. Der Mut ist eine atlantische Sache. Wir sind das Abendland, und wir suchen das Gespräch für unsere Autorität in den Wahrheitsfeldern unserer gegenwärtigen zweiteiligen, aber nationalen Sache. Alle Abendländer würden gerne helfen, und andererseits hilft das Genie der Deutschen auch allen europäischen Völkern. Mehr Musik, mehr Mut. Nur die ganz großen Wahrheiten dürfen uns leiten. Ihr offenes Wort an uns läßt uns offen sprechen, für alle zu hören, wie Musik!

27. Januar 1990 *Gerda G., Düsseldorf*

Ich habe kürzlich einen Film über Sie hier gesehen. Mir fiel dabei auf, daß Sie besonders prosemitisch gesprochen haben. (Ich bin kein Antisemit.) Ich möchte Ihnen gern mitteilen, daß in der BRD fast alle Dirigentenstellen von Juden besetzt sind. Manche haben sogar gleich drei Stellen. Gute deutsche Dirigenten sitzen auf der Straße und müssen stempeln gehen. Diese Ungerechtigkeiten müssen den Rechtsradikalismus fördern. Achten Sie bitte in der DDR darauf, daß sich so etwas bei Ihnen nicht abspielt. Wir hatten immer gute deutsche Dirigenten. Wir haben sie auch jetzt.

28. Januar 1990 *Anonym, Bochum*

Hoffend, es findet etwas Interesse, möchte ich Ihnen drei Fotos zusenden, die ich hier von Ihnen via Fernsehbild machte, und zwar bei der Gelegenheit einer hier empfangenen Sendung, in der Sie interviewt wurden.

Mein Interesse an den Vorgängen in Leipzig – der DDR – geht darauf zurück, daß ich gebürtig in Buchholz, jetzt Annaberg-Buchholz, im Jahre 1922 bin, meine Mutter aus Leipzig stammte und wir – nach der politisch bedingten Zwangspensionierung meines Vaters – nach Leipzig zogen. Das war 1935/38.

Ich studierte an der Universität Leipzig nach dem Kriege (den ich stets in Rußland mitmachte, dreimal verwundet, Verlust des rechten Auges in Kurland) Jura. Da ich aber wegen mangelnder »gesellschaftspolitischer Qualifikation« nicht in den Vorbereitungsdienst übernommen wurde, mußte ich Leipzig 1951 verlassen, um in Hamburg die Ausbildung vollenden zu können. Hier wurde es mir auch nicht gerade leichtgemacht – ein Kapitel für sich –, bis ich »verbeamtet« wurde.

Ich habe noch viele Verwandte und Freunde in der DDR, vor allem im Erzgebirge und in Leipzig, und war, nachdem 1970 die Entspannung eintrat, wiederholt »drüben«.

Dies zur Erläuterung meiner »Sendung« und meiner Anteilnahme an auch – und gerade – Ihrem Engagement für eine »Perestroika« – endlich! – in der DDR, meiner Heimat.

28. Januar 1990 *Robert U., Lüneburg.*

Noch unter dem Eindruck eines Konzertes im Dresdner Kulturpalast stehend, zwingt es mich, nach der Anklage in Tönen, wie sie in der »Hebräischen Rhapsodie« von E. Bloch zum Ausdruck kommt, meine Gedanken an Ihre Adresse zu äußern. Die friedliche Revolution, an der Sie einen bedeutenden Anteil haben, wird ausufern, wenn nicht alle bedeutenden Köpfe immer und immer wieder davor warnen.

Anschläge gegen Antifaschisten, Juden, die UdSSR gibt es genügend. In dieser Beziehung darf man nichts, aber auch gar nichts verharmlosen. Ich weiß aus bitterster Erfahrung, wovon ich spreche.

Mein Bruder mußte nach der Okkupation des Sudetengebietes sein Musikstudium von Prag nach Leipzig verlegen. Er war ein talentierter Musiker, der die Klavier- und Dirigentenklasse belegte. Im letzten Semester mußte er in den faschistischen Krieg ziehen, und er kam nicht zurück. Unter diesem »Handwerk« litt er als sensibler, humanistisch erzogener Mensch. Aber er war politisch nicht so naiv, daß er nicht die Wurzeln dieses Verbrechens erkannt und dagegen gekämpft hätte. Damals wurden alle unsere Warnungen in den Wind geschlagen und die Antifaschisten bekanntlich grausam verfolgt.

Auch ich mußte mein Studium unterbrechen und landete in einem Lager der Faschisten. Deshalb sind nicht nur die Juden besorgt über den Rechtsradikalismus in der DDR und der BRD.

Man darf Schönhuber und seine zahlreichen Sympathisanten nicht unterschätzen. Diese dunklen Kräfte haben zum Beispiel auch im ungarischen Volksaufstand von 1956 gewütet. Aber nicht nur dort. Dazu darf es bei uns nicht kommen.

Mit Ihrem Mut haben Sie sich in die Reihe bedeutender Leute gestellt – wie Furtwängler, der es bekanntlich ablehnte, vor Hitler zu dirigieren. In der heutigen Zeit kann man fast alles brauchen – nur keine Vergeßlichkeit.

29. Januar 1990 *Gerhard B., Dresden*

Am Anfang meines Briefes herzliche Grüße und Glückwünsche zum Ehrenbürger von Leipzig! Wir haben uns mit Ihnen gefreut!

Auch für den Umgang mit unseren behinderten Mitbürgern gebührt Ihnen große Ehre. Gestern hatten wir Besuch von unseren Verwandten mit Sohn. Dieser war gestern noch begeistert, daß Sie, lieber Herr Masur, ihm die Hand gedrückt hatten, als er als Abgeordneter der »Sacke-Schule« [Dr.-Georg-Sacke-Oberschule, Ausbildungseinrichtung für geschädigte Kinder in Leipzig] im Gewandhaus sprach. Warum stellen sich die Bürger so an, wenn es um Behinderte geht? Es ist eine wertvolle Zeit, die da allen verloren geht. Schade!

29. Januar 1990 *Familie W., Taucha b. Leipzig*

Auf Grund Ihrer hervorragenden künstlerischen Leistungen waren Sie bisher ein von mir besonders geachteter Mensch. Diese Achtung Ihrer Person wurde noch um einiges größer, als Sie sich während der stürmischen Oktobertage im Jahre 1989 mit Ihrer ganzen Ausstrahlung für eine friedliche Durchführung unserer Revolution einsetzten. Sie waren anschließend oft in unseren Medien und traten als Verfechter der Gewaltlosigkeit beim Demokratisierungsprozeß in unserem Land auf.

Der Charakter der »Montagsdemonstration« in Leipzig hat sich gewandelt. Rufe wie »Heute gehört uns Deutschland, und morgen die ganze Welt!«, »Sieg heil!«, »Rotfront verrecke!« werden immer lauter. Andersdenkende werden ausgebuht oder in die Mensa der Karl-Marx-Universität *gejagt*! Und Sie, Sie schweigen! Haben Sie denn so etwas gewollt? Meiner Meinung nach fehlt auch jetzt nur ein Funke, um die Massenschlägerei auszulösen. Doch hierzu macht sich anscheinend niemand Gedanken (denjenigen, die sich Gedanken machen, wird vorgeworfen, daß sie dieses Problemchen zum Problem hochputschen). Die Polizei unternimmt nichts, um nicht wieder im »Fettnapf des Volkes« zu landen.

31. Januar 1990 *Kerstin L., Berlin*

Da Ihnen durch Ihre Besonnenheit das große Wunder gelungen ist, sehr viel Böses in die rechten Bahnen zu lenken, so hätten Sie vielleicht auch die Kraft und den Einfluß auf die Menschen, die jeden Montag ihre Zeit auf den Straßen verbringen. Daß die Leute dieselbe Zeit an einer Stelle sich nützlich machen, wo so viele Hände gebraucht werden. Es ist sicher eine Organisationssache, diese Leute zu überzeugen, daß sie da beweisen können, daß sie ernstlich zu einer besseren Zeit auch selbst bereit sind zu helfen.

Wer auf der Straße ruft »Wir sind das Volk!«, muß auch wissen, daß das Volk jeder einzelne ist. Und jeder einzelne selbst mit Hand anlegen muß.

Wir mußten auch tüchtig zufassen, daß alles wieder in Gang kam, da am 4. Dezember 1943 Leipzig in Trümmern lag. Nun könnten die jungen Leute auch ihre Zeit und Kraft geben – daß sie mal mit Stolz sagen können: »Wir haben es auch geschafft, daß die Wirtschaft wieder in Gang kommt!« Aber es müßte eben erst jemand den Leuten die Augen öffnen und ihnen den rechten Weg zeigen. Und ich glaube, daß Sie, Herr Professor Masur, der richtige Mann dazu sind.

4. Februar 1990 *Erna E., Leipzig*

Wo sind Sie abgeblieben? Sie hatten doch einst so viel Mut! Heute trauen Sie sich wohl nicht mehr auf die Straße? Sie sind doch eigentlich ein gelehrter Mann. Hoffentlich habe ich »gelehrter« auch richtig geschrieben? Auch gestandene Männer sollen an den Zauberlehrling denken, bevor sie sich ins Zeug schmeißen. Herr Professor! Sie müssen wieder auf die Straße gehen! Das Sachsenvolk braucht Sie! Auch würde Sie sonst ein Ibrahim Böhme überrollen, der zu Ihrer Zeit noch gar nicht auf dem Trapez war.

Ein Künstler, der sich nicht immer wieder dem Publikum stellt, ist sehr schnell vergessen. Den erleuchtet kein Rampenlicht mehr. Also, frohen Mutes, Herr Professor, Leipzig und die DDR brauchen Sie! Tragen Sie mit dazu bei, daß die Sachsen wieder gemütliche Sachsen werden. – Ich lege zwei Zeitungsartikel bei, die mich dazu animierten, Ihnen diese Zeilen zu schreiben. Warum müssen Ausländer uns immer wieder auf unsere Schwächen aufmerksam machen? Trotz alledem! Hochachtungsvoll.

8. Februar 1990 *Friedrich G., Berlin*

Seit dem fast schon legendären Novembergeschehen des letzten Jahres trage ich in mir ein beklemmend schlechtes Gewissen vor Ihnen.

Während der unseligen Honecker-Ära verfolgte ich die gelegentlichen Fernsehübertragungen vom Gewandhausorchester unter Ihrer Leitung.

Es ist mir eine schreckliche, aber auch – hoffentlich – lehrreiche Erinnerung, daß die grausame Mauer mir damals die Freude an Ihrer Musik versperrte und ich in Ihnen und Ihrem Orchester nur ein kommunistisch gefärbtes Aushängeschild der SED sah. Ja, Ihr mir heute so vertrauenerweckendes Äußere verleitete mich seinerzeit dazu, in Ihnen einen mir fremden Marx-Ableger zu sehen, zu dem ich am liebsten weit auf Distanz gehen wollte.

Und dann kam Ihr so wesentliches, unheilverhütendes Eintreten im Rahmen des Oktober-Volksaufstandes. Ich sah die anschließenden Fernsehinterviews mit Ihnen – und habe mich maßlos geschämt, wie sehr ich Ihnen gedanklich Unrecht getan habe und wie stark ich mich habe von politischen Einflüssen fehlleiten lassen.

Heute bewundere ich als einer von vielen Ihre große Leistung, mit der Sie ein mögliches, grauenhaftes Blutvergießen und großes Leid verhindert haben. Ich beneide Sie um Ihre Offenheit und Ihre unpolitische Menschlichkeit in den Fernsehgesprächen und Ihren Mut, den Titel eines Helden so glaubwürdig abzuwehren.

Ich möchte Sie für all das, was Sie taten, in Gedanken umarmen. Und ich möchte Sie bitten, sich dann wieder zu Wort zu melden, wenn es die politischen Geschehnisse erforderlich werden lassen sollten.

Ich habe nebenbei nach der letzten Aufführung der Neunten von Beethoven hier ganz allein in meinem Zimmer gesessen und Beifall geklatscht, bis mir die Hände weh taten.

9. Februar 1990 *Günter L., Essen*

Ich schätze Ihre berufliche Tätigkeit als Leiter des weltberühmten Gewandhausorchesters und bewunderte Sie so oft bei Ihren Auftritten im In- und Ausland. Ich freute mich mit Ihnen, als man das Neue Gewandhaus übergab, und hatte Achtung vor Ihrer Person, als Sie als eine der profiliertesten Persönlichkeiten unseres Landes Mitinitiator der friedlichen Revolution waren. Enttäuscht war ich aber, als Sie nach einer der Montagsdemonstrationen in Leipzig Kritiken und Befürchtungen von Bürgern zum Erscheinen der Republikaner verniedlichten.

Eine bittere Erkenntnis für diejenigen, die dasselbe vor der Machtübernahme der Nazis 1933 erlebten und nach 1945 mithalfen, daß der

Faschismus in der DDR keinen Boden mehr bekam. Sie, werter Herr Masur, haben ja das alles nicht miterlebt, waren um diese Zeit erst geboren, aber nun sind Sie ja reif und mündig genug, um die Warnrufe der Erfahrenen nicht nur zur Kenntnis zu nehmen, sondern sie auch zu deuten. Helfen Sie in Ihrer Position mit, daß es zu keiner Neuauflage des Faschismus kommt. Wer jetzt nicht energisch dagegen auftritt, wird es einmal bitter bereuen und kann von der eingeleiteten neuen Demokratie nur noch träumen. Dies legt Ihnen ein Bürger ans Herz, der die bitteren Jahre der Weimarer Republik und den Faschismus am eigenen Leib erlebte.

10. Februar 1990 *Anonym, Plauen*

Vor mir liegen die Konzert-Ankündigungen 1960/61 im Kongreßsaal von Leipzig. Mit besonderer Freude habe ich Ihr Bild (damals 32jährig) betrachtet. Im Vorwort der damaligen Ankündigungen steht ein Wort von Schostakowitsch, das mich sehr berührt hat. Es könnte für heute geschrieben sein – Sie haben es bewiesen!! »Immer, wenn die Menschheit voranschreitet, befinden sich in ihren ersten Reihen neben den Bannerträgern die Musiker. Sie verleihen den tapferen und starken Kämpfern noch mehr Kraft, sie rufen die Schwachen und Schwankenden auf.«

11. Februar 1990 *Traude B., Sinsheim/Adersbach*

Als ich mit 25 Jahren am Silvesterabend 1950 zum ersten Mal ein Sinfoniekonzert erlebte (im Mecklenburgischen Staatstheater) erschloß sich mir eine neue Welt. Ich war als Kind armer Menschen aufgewachsen und krank aus dem Kriege zurückgekommen.

Im Konzertsaal habe ich später oft an alle jene armen Menschen auf der Welt gedacht, die da sterben müssen, ohne vorher je die Chance gehabt zu haben, aus der schönsten aller Künste Freude und Kraft zu schöpfen. Dies wollte ich Ihnen spontan mitteilen, als Sie vor einiger Zeit in einer Fernsehdiskussion auf einen Vorbehalt von Walter Janka erwiderten: »Aber der Kapitalismus hat sich doch völlig gewandelt.«

Ich schrieb Ihnen damals einen langen Brief, um Gegenteiliges zu belegen. Da ist doch der Widerspruch zwischen denen, die Sie bei den glänzenden Musikfesten in den Metropolen der kapitalistischen Welt erleben können, und jenen vielen Menschen aus den Slums der Großstädte, die nie dabei sein können.

Meine Epistel zerriß ich wieder, mit schlechtem Gewissen, denn ich fühle mich Ihnen seit Jahren verbunden, seit Sie in Schwerin (noch) den Taktstock hoben.

Ich wünsche mir, daß gerade Sie »die im Dunkel« nicht übersehen.

17. Februar 1990 *Karl-Heinz F., Gädebehn*

Als Bürger, der über sechzig Jahre in unmittelbarer Nähe der Stadt Leipzig gelebt hat, bin ich an der weiteren Entwicklung dieser Stadt immer noch stark interessiert.

An Sie wende ich mich, weil ich Ihren Mut und Einsatz schätze, den Sie zu einem Zeitpunkt bewiesen haben, als das noch wirklichen Mut erforderte. Solchen Menschen wie Ihnen ist es zu danken, daß dieser Umbruch in einer Weise vollzogen wurde, die Schlimmstes verhütete. Für diesen Einsatz meinen Dank und meine Hochachtung.

Nun liegt diese mutige und hoffnungsvolle Zeit des Aufbruchs hinter uns, die ihren Ausdruck in dem Ruf »Wir sind das Volk!« fand. Die derzeitigen Montagsdemonstrationen in Leipzig und ihr Inhalt haben nicht mehr viel mit der frischen Stimmung der ersten Wochen zu tun. In deutlicher Weise artikulieren sich zunehmend faschistische Gedanken, die durch entsprechende Losungen und anderes zum Ausdruck gebracht werden. Auf Grund meines Alters habe ich eine solche Entwicklung schon einmal erlebt, und mein Leben wurde durch diese Entwicklung entscheidend beeinflußt. Sie können mir glauben, daß diese Beeinflussung negativ war.

Aus diesem Erleben heraus habe ich über vierzig Jahre an der Gestaltung des Lebens in der DDR mitgewirkt, und ich möchte nicht behaupten, daß alles richtig und gut war, aber es war mein Leben.

Alles, was sich aber nun abzeichnet, ist so trostlos und so ohne Zukunftshoffnung und überschattet meinen Lebensabend. Mein Sparkonto ist nicht so groß, daß ich damit in »Sachwerte« flüchten könnte, so daß ich nicht weiß, wie sich der Ausgang meines Lebens gestalten wird.

Und das alles ist verbunden mit einer Entwicklung, die durchaus positiv ihren Anfang in meinem Leipzig nahm. In jener Stadt, die man mit dem stolzen Prädikat »Heldenstadt« versah, deren Ehrenbürger Sie, verehrter Herr Masur, sind. Diese Stadt, die so große Traditionen auf internationalem Gebiet hat. In ihr ist es leider so weit, daß ausländische Bürger verunsichert sind, und das in ausdrücklichem Zusammenhang mit den »Montags-Demos«, die in meinen Augen in den letzten Wochen zur Farce geworden sind.

25. Februar 1990 *Wilhelm J., Suhl*

Als Bürgerin der Stadt Leipzig freue ich mich ganz besonders, daß Sie in das Präsidium der Wahlkommission gewählt worden sind. Die letzten Monate haben so viel Aufregung gebracht und Unruhe. Sie haben sehr viel für uns getan. Ich möchte Ihnen nochmals persönlich danken. Wie gerne würden wir Sie in einem Regierungsamt sehen!

In dieser bewegten Zeit ist in mir die ganze schreckliche Vergangenheit wieder lebendig geworden. Was hat dieser SED-Staat nur aus uns gemacht? Und immer noch werden die Hauptschuldigen mit Samthandschuhen angefaßt!

Ist Ihnen bekannt, daß so viele ehemalige Soldaten, die aus englischer beziehungsweise amerikanischer Gefangenschaft kamen, in das KZ Sachsenhausen bei Brandenburg gebracht wurden? Den Anfang dieses Transportes habe ich selbst miterleben müssen damals in Erfurt, ohne zu ahnen, wohin es ging. Von Sachsenhausen aus ging es etwa nach einem halben Jahr noch für drei Jahre nach Rußland ins Arbeitslager. Mein Mann war einer davon unter Tausenden, die aber niemals im Krieg im Osten gewesen sind; 1949 kam er zurück, das waren damit zehn verlorene Jahre!

Ich stand allein da mit einem Kleinkind, und mir wurde jegliche Unterstützung verweigert. Wenn ich meine Eltern nicht gehabt hätte, wäre ich wohl auf der Strecke geblieben.

Mein Mann hat dann versucht, durch viel Fleiß und Energie das Beste aus allem zu machen. Wir hätten eventuell auch nach dem Westen gehen können, aber wir wollten unsere alten Eltern nicht im Stich lassen, die so viel für uns getan hatten.

Aber die Sache ging noch weiter. In gewissen Abständen tauchte bei uns in der Wohnung, sogar am Arbeitsplatz, jemand von der Stasi auf. Man wollte meinen Mann veranlassen, als Spitzel in die BRD zu gehen – mit großen Versprechungen, Geld usw. Es war einfach abscheulich, wir mußten unsere Kinder belügen, mit Mühe und Not konnte ich wenigstens mit im Zimmer bleiben. Mein Mann mußte unterschreiben, mit niemandem darüber zu sprechen.

Mit großer Erbitterung fragt man sich heute, woher nahmen diese SEDisten und Stasi, die alles viel besser machen wollten, das Recht, ehrliche Bürger anzusprechen und zu erpressen?

Leider ist mein Mann nicht mehr am Leben, während seiner langen Krankheit sprach er fast immer von der schlimmen Vergangenheit, er hat es nie verkraften können.

Damals hatte ich mich an die verschiedensten Stellen gewandt, aber alle hatten Angst, keiner wollte etwas wissen. Der SED-Partei war natürlich ebenfalls nichts bekannt.

Die Kirche hat doch einiges bewirken können, sie war aber letztendlich ebenfalls machtlos.

Der damalige Präses Scharf von Berlin konnte nur bestätigen, daß das Lager in Sachsenhausen wieder belegt war, leider war auch ihm der Zutritt nicht möglich.

Welche Opfer sind wir nun eigentlich?

Bitte empfinden Sie es nicht als Belästigung, wenn ich diese Zeilen an Sie richte, aber für mich ist alles wieder greifbar nahe.

27. Februar 1990 *A. Sch., Leipzig*

Mit großer Spannung und oft mit Tränen in den Augen verfolgten wir hier die Tage der Befreiung am Bildschirm und auch, wie Sie einmal zur Disziplin mahnten. Daß alles zu unserer großen Freude ohne Blutvergießen ablief, ist sicher auch Ihnen mit zu verdanken.

In den Zeitungen hier werden Sie der »Held von Leipzig« genannt, und Sie werden als Staatspräsident der DDR vorgeschlagen. Ich weiß, daß Sie von Ihrer geliebten Musik nicht lassen werden.

Wir sind noch immer in großer Sorge um die Entwicklung in der DDR wegen der Zersplitterung und der vielen Gruppen. Es fehlt wohl an einer Persönlichkeit, die geeignet wäre, den richtigen Weg zu zeigen, und wenn Sie dazu etwas tun könnten, so wären nicht nur wir, sondern sicher alle, die es betrifft, Ihnen sehr dankbar!

2. März 1990 *Kurt O., Stuttgart*

1958 siedelten wir – 1945 in Dresden ausgebombt – von der 12 000 Seelen zählenden thüringischen Kleinstadt Zeulenroda nach Jena über. Einer meiner ersten großen Musikgenüsse war ein Konzert im Volkshaus mit der Achten Sinfonie von Dvořák unter Ihrem Dirigat.

Ein großer Stein fiel mir vom Herzen, als ich Ihre in den Medien mitgeteilte Entschließung las, nicht als Ministerpräsident zu kandidieren. Ihre begnadeten Hände für so ein Amt. Ihre Sendung geht mit Ihrer Musik in die Welt hinaus.

Vor Weihnachten haben Sie ungeheuer viel Zeit und Kraft für die Wende geopfert, neben Ihren Aufgaben. Die Demo-Sprache im Januar und Februar, das war nicht mehr Ihre Sprache. Die Musik hat Sie wieder!

Soweit es mir über Radio und Fernsehen möglich ist, verfolge ich Ihr Schaffen. Ich bin 78 Jahre alt. Ich wünsche Ihnen noch viele gesunde, segensreiche Schaffensjahre in der Musik.

17. März 1990 *A. J., Jena*

Heute las ich in unserer Zeitung, daß Sie die Entscheidung, nicht für das Präsidentenamt zu kandidieren, getroffen haben, »als eine eigene Emanzipation der Heimat nicht mehr möglich war«. Ich kann Ihre Enttäuschung und die Ihrer Freunde sehr gut verstehen. Denn es gab in jenen Oktober- und Novembertagen Momente, wo alles zum Greifen nah war und das Unmögliche möglich schien. Vielleicht hat vielen der Mut für das Unmögliche gefehlt.

Sie haben für diese Zeit gekämpft und Ihre ganze Person dafür eingesetzt. Sie und Ihre Freunde haben etwas sehr Kostbares erkämpft, wovon wir hier auch profitieren. Leider ist alles so schnell umgekippt in eine nationalistische, kapitalistische Richtung. Daß Sie sich in diesem Gemenge nicht tummeln möchten, ist verständlich.

Trotzdem möchte ich Sie fragen, ob es nicht lohnenswert ist, weiterzukämpfen? Aufzugeben bedeutet doch, die Manege freizugeben für die entfesselten Kräfte. Es muß eine Gegenkraft geben. Sei sie auch noch so klein. Aber sie ist da.

Bitte überdenken Sie noch einmal diesen Entschluß. Natürlich bedeutet sich Einmischen auch Verschleiß. Doch wer kann sich schonen? Ist Mitgestalten nicht doch lohnenswerter als Resignation?

18. März 1990 *Marianne L., Wolfsburg*

Im Trubel des vergangenen Wahlkampfes habe ich sehr die Würdigung Ihrer Verdienste in der entscheidenden Stunde der Revolution vermißt.

Dabei weiß ich mich mit allen unseren Bürgern einig, daß Ihr Name im Buch der Geschichte stehen wird, wenn die so mancher unserer jetzigen Wichtigtuer längst verweht sein werden!

18. März 1990 *Dr. med. Arndt R., Leipzig*

Ich bin nicht nur ein Verehrer Ihrer Musik und Ihres wunderbaren Orchesters.

Wenn Sie als DDR-Präsident kandidiert hätten, wäre Ihnen meine Stimme gewiß gewesen. Ihre Position, nicht zu kandidieren, und die dazu in der Presse geäußerte Meinung ist mein Standpunkt als ein Mitglied der PDS.

Den Neuen Bewegungen in der DDR ist inzwischen alles gestohlen worden, was sie mühselig erkämpften. Die allzu große Zahl der politischen Überläufer ohne rechte Moral hat uns das unverdienterweise beschert. Die Mächtigen in der BRD sind noch immer das, was sie schon so oft in der Geschichte waren. Beglücken Sie die so geschlagenen DDR-Bürger und die Welt um so niveauvoller mit der schönen klassischen Musik aus Leipzig.

18. März 1990 *Werner D., Bernburg-Strenzfeld*

Anbei sende ich Ihnen einen Leserbrief aus der *Freien Presse*. [»Symbolhaft. Ganz unter dem Eindruck der Wahlergebnisse möchte ich mir einen Vorschlag erlauben. Wenn wir ein neues Wahrzeichen für die DDR schaffen, dann wäre es gut, sich der Namen von Bärbel Bohley und Kurt Masur zu erinnern. Diese Menschen verdienen es, nie vergessen zu werden. Sie haben für uns alle die Wende mit eingeleitet. Gertrud M., Aue«] Auch ich bin der gleichen Meinung wie diese Frau M. Obwohl Sie auch vor der Wende weltweit bekannt waren, finde ich es richtig, Sie auch in der Zukunft für Ihre Leistungen zu würdigen. Ich selbst bin Leipziger, und ich war auch dabei.

20. März 1990 *Ernst R., Zwickau*

Kurt Masur
»Sorgen, wie es weitergehen soll«

Internationale Pressekonferenz
im Neuen Gewandhaus am 15. März 1990

In die Politik bin ich hineingeraten. Ich bin nicht Politiker geworden, ich habe es immer wieder ausgesprochen, wie Sie es kennen, oder zumindest einige von Ihnen, daß ich Politiker wider Willen geworden bin. Wir sahen ja durch dieses Fenster, durch dieses Glas, durch diese Scheibe des Neuen Gewandhauses, wie sich Demonstrationen entwickelten. Und dann, am 9. Oktober war es, daß den ganzen Tag über die Angst immer größer wurde und die Spannung so gestiegen war, daß man damit rechnen mußte, daß diesmal eine Konfrontation mit sehr tragischem Ausgang stattfinden könnte. Da gab es eigentlich für mich keine Frage, daß ich als einer derjenigen, die in dieser Stadt zumindest einen gewissen Respekt, eine gewisse Autorität genießen, mich zu Wort melden mußte gegenüber den Stellen, die Einfluß hatten.

Vorangegangen war im Juni vorigen Jahres – und das ist etwas, das Ihnen vielleicht erklären mag, warum ein Musiker in so eine Situation geraten kann –, daß Straßenmusiker hier in Leipzig, weil sie musizierten, auf der Straße verhaftet worden waren. Weil sie ohne Genehmigung musizierten. Es war eine der Kuriositäten in unserem Lande, daß es kaum möglich war, eine Genehmigung zu erhalten, auf der Straße Musik machen zu dürfen – anscheinend störte man die Leute damit. Aber es war eine sehr fatale Situation, die einen Arzt dann dazu brachte, mir zu schreiben, ob ich den verhafteten Straßemusikanten nicht zu Hilfe kommen könnte. Das hat mich bereits damals auf den Plan gerufen, und ich habe mit führenden Stellen der Stadt vereinbart – auch mit der Abteilung Kultur bei der SED sowie den zuständigen Stellen, die die Erlaubnis zu erteilen hatten, dazu Mitgliedern der Staatssicherheit und Mitgliedern der Polizei –, daß wir eine Veranstaltung im Gewandhaus durchführen werden mit Straßenmusikanten. Wir hatten uns dann hier in diesem Foyer des Gewandhauses versammelt. Alle Straßenmusiker, deren Adressen wir herausfinden konnten, haben wir hierzu eingeladen, und es waren dann 650 Menschen gekommen. Sie können sich vorstellen, daß ein solches Gespräch hoch brisant war – aber es verlief am Ende harmonisch, und jeder hatte das Gefühl: Warum sprechen wir denn nicht schon seit langem so miteinander. Obwohl wir verschiedener Meinung waren – man stellte doch fest, daß man sich irgendwo treffen konnte. Und diese Aussprache hat zum ersten Mal die gegenteiligen Meinungen aufeinander zukommen lassen und war – fast würde ich heute so sagen – eine Generalprobe zu dem, was dann geschah.

Wie Sie ja alle wissen, war es ein Glücksumstand, daß in Leipzig offensichtlich die Kräfte von allen Seiten so viel Besonnenheit an jenem Tag hatten, daß auch die Sicherheitskräfte, die Polizei – obwohl sie andere Anweisungen hatte – sich so zurückhielt, daß es nicht zur Konfrontation kam. Sie können sich vorstellen – wenn 70 000 Menschen auf der Straße sind, die bereits in Sprechchöre ausbrechen, wenn sie sich Wasserwerfern und Tränengas und Bereitschaftspolizei gegenübergestellt sehen, daß dann ein Steinwurf genügt hätte, um ein Chaos auszulösen. Just dieser Steinwurf hat nicht stattgefunden. Da können wir nur sagen – irgendwo war es ein Wunder. Man kann heute nicht genau erklären, wieso das geschah, es war vielleicht eine der Sternstunden des Jahrhunderts.

Was wir uns damals, in diesen Augenblicken, gar nicht vorstellen konnten, waren die Folgeerscheinungen. Die Welle, die dann losging, war nicht vorhersehbar. Sogar die Tschechischen Philharmoniker, die vor einiger Zeit hier spielten, sagten mir: »Wir haben den Mut eigentlich durch die Leipziger Vorgänge bekommen, um dann so zu handeln.« Es setzte sich wie eine Welle fort, und wenn Sie nach dem Ursprung fragen – das sind natürlich die Erkenntnisse, die Ideen eines Gorbatschow gewesen, welche uns alle dahin gebracht haben, daß wir die Frage stellten: Warum nicht eigentlich diesen Weg gehen, auch in unserem Land. Das ist der geistige Hintergrund, auf dem sich alles aufgebaut hat, und dazu kamen hier in Leipzig die Traditionen der Friedensgebete in der Nikolaikirche, die Sie da drüben sehen.

Letzten Montag nun wurde von uns angeregt, daß diese Demonstration vor der Wahl die letzte sein solle und die Demonstranten praktisch wieder in die Formation der Friedensgebete zurückgenommen werden; also die Friedensgebete finden wieder statt – jeden Montag um 17 Uhr, und ich habe das gestern gegenüber dem Bayerischen Fernsehen formuliert: Es ist wie eine ewige Flamme, die man auch jederzeit wieder zu einer großen werden lassen kann.

Das ist vielleicht die einzige Garantie, die wir haben, um sagen zu können: Es wird die Wahl am Sonntag (18. März) nicht einfach bedeuten, daß, wer gewählt ist, das alleinige Sagen haben wird. Ich glaube nicht, daß die Menschen in unserem Lande bereit sind, so hinter einer Partei herzumarschieren wie vorher. Es wird sich etwas aufbauen, und die klugen Menschen, die hier alles das mit großem Einsatz und mit großer Sorgfalt und mit großer Besonnenheit entfacht haben und die den Mut hatten, dafür auf die Straße zu gehen, werden auch dafür sorgen, daß in Zukunft bei uns die richtige Balance gehalten und der richtige Weg weitergegangen werden wird.

Vielleicht ist nur folgendes zu sagen: Natürlich hat man uns für eine eigene demokratische Entwicklung keine Zeit gelassen. Die noch vorhandenen oder neugegründeten Parteien sind sofort von ihrem jeweiligen Bruder in der Bundesrepublik gefressen worden; und massiv unterstützt worden mit sehr viel Geld. Die Plakate, die Sie hier sehen, erfreuen uns auch nicht besonders, aber sie sind nicht bei uns gedruckt, sie sind fast alle in Bonn gedruckt. Das ist eine Veränderung, an die wir uns jetzt schwer gewöhnen, und wir hoffen nur, daß einmal die Stadt Leipzig wieder so schön wird, daß wir die Plakate nicht zum Zudecken von Schandflecken an unseren Gebäuden brauchen.

*

Als sich abzeichnete, daß wir keinen eigenen Weg mehr gehen konnten, war meine Bereitschaft zur Übernahme des Präsidentschaftsamtes der DDR schon nicht mehr vorhanden. Es tut mir leid, das sagen zu müssen. Ich bin kein Berufspolitiker, und ich habe keine Lust, mich von einem kleinlichen Parteienstreit zermahlen zu lassen. Ich bleibe dann lieber fest in meinem Beruf und übernehme weiter die gleiche Rolle wie bisher. Ich werde alle die Gruppen junger Idealisten, die in der zurückliegenden Zeit sehr viel riskiert haben und keinen Ehrgeiz hatten, eine Parteirolle zu spielen oder einer Selbstdarstellung zu frönen, was ja auch leider manchmal aus Eitelkeit kommt, weiterhin tatkräftig unterstützen. Und ich werde alles tun für mein Orchester, ich werde alles tun für unsere Stadt, damit wir nach dieser Periode sagen können, Leipzig hat ein Beispiel gegeben für unser ganzes Land.

*

Unsere Vorstellung von Demokratie war wirklich eine andere. Wir haben größten Respekt vor dem, was die Bundesrepublik in den letzten Jahrzehnten geschaffen hat; in Hinsicht auf die Demokratie, die ökonomische Kraft, und natürlich brauchen wir die Hilfe dieses Landes. Aber schließlich gibt es noch ein paar andere Länder in Europa, von denen wir besser lernen können, daß man glücklich sein kann. Für das menschliche Dasein bedeutet Glück nicht nur, Geld zu haben oder das richtige Geld zu haben. Und wir hoffen, daß dieser Geist noch in den Ansichten der meisten unserer Menschen existiert. Man sollte ihn nicht für harte Währung hingeben. Wir möchten etwas von diesem Geist bewahren, und er ist es wert, auch durch westliche Länder aufgenommen zu werden. Wir hatten eine Menge Besucher in der Vergangenheit, die von ihren Begegnungen mit unseren einfachen Menschen begeistert waren. Ich weiß nicht, wie ich es ausdrücken soll; aber ich fand einen Satz sehr beeindruckend, den mir jemand sagte, der sehr berührt war: »Ich finde, Ihre Menschen tragen ihre Seele vor sich her« – das klingt sehr schön, es war Professor Biedenkopf, der das sagte. *[Prof. Kurt Biedenkopf ist seit dem 1. April 1990 Inhaber des Lehrstuhls »Georg Meyer« an der Karl-Marx-Universität Leipzig.]* Die Menschen sind so offen in der Erwartung der Zukunft . . .

*

Ich habe Träume wie ein Kind, ich habe immer noch Träume, ich erlaube mir, Träume zu haben. Einige der Träume sind wahr geworden. Dieses war einer meiner Träume – das Gewandhaus. So kann es sein, daß einige Träume von der Zukunft wahr werden. Ich bin hoffnungsvoll, daß die Politik nicht ein Kräftespiel ist, sondern daß die Politik mehr und mehr dazu genutzt wird, nützlich für die Menschen des Landes zu sein. Wenn man an die Vereinigung ganz Europas denkt, ist das ein wundervoller Gedanke. Wir können das Kulturleben in der ganzen Welt einbringen.

*

Das Konzertleben im Gewandhaus ist in den ganzen zurückliegenden Monaten nie unterbrochen gewesen, es haben alle Konzerte stattgefunden. Was wir zwischendurch manchmal unterbrochen haben, war eine Periode von Schallplattenaufnahmen; das fiel in die ganz kritische Zeit, und da fühlten wir uns einfach künstlerisch nicht in der Lage, höchsten Anforderungen auch in technischer Hinsicht und was die Konzentrationsfähigkeit betrifft, zu genügen. Aber die Konzerte haben eben auch von seiten des Orchesters mit hohem Verantwortungsbewußtsein weiter unser Publikum zufriedengestellt, und es war in dieser Zeit eine ganz wichtige Funktion, die wir hatten.

Bei einer Fernsehverbindung über Satellit wurde ich gestern von Professor Everding in München gefragt, wie denn das Gefühl sei, man könne doch nun alles, was man sich vorstellt, hier verwirklichen. Da mußte ich ihm sagen: Herr Professor Everding, wir konnten bereits alles verwirklichen, und zwar unter solch großer wirtschaftlicher Sicherheit für unsere Musiker, daß wir im Augenblick eher eine große Unsicherheit haben, wie es weitergehen wird, wie es ökonomisch weitergehen soll. Das wird kaum das Gewandhausorchester betreffen, aber es wird mit Sicherheit eine ganze Reihe von anderen Orchestern betreffen, die ja dann nicht zum Zentrum der Veränderungen unseres Lebens gehören. Man wird sich schon sehr viel Sorgen und auch Gedanken machen müssen, wie es weitergehen soll.

*

Wenn das Volk sich so betrogen fühlt durch seine Führung, wie das bei uns der Fall war, dann ist es verständlich, wenn jeder, der in dieser Zeit ein gutes Leben führen konnte, in einen Topf des Schlechten geworfen wird. Es gab auch eine Zeit, und die ist noch nicht vorbei, daß jeder, der in der Partei war, gleich mit dem Zeichen eines Kriminellen versehen wurde. Auch das normalisiert sich langsam, und ich möchte sagen: Man muß einfach unterscheiden zwischen guten und schlechten Menschen, wie man das in einem Volk auch tun muß. Jedes Volk hat seinen Bodensatz und hat Menschen, deren alleiniges Bedürfnis es ist, materiell gut zu leben. Das ist eine normale Angelegenheit.

Es hat teilweise Berichterstattungen gegeben, die verantwortungslos waren. Wir werden morgen hier im Gewandhaus ein Gespräch mit Kurt Biedenkopf haben – über die Verantwortung, die die Presse übernimmt; und das wissen wir sicher, daß nicht alle Ihrer Kollegen immer Wert darauf legen, daß Berichterstattungen ganz hundertprozentig hieb- und stichfest sind. Mancher freut sich, wenn er auch nur vom Hörensagen eine sensationelle Story aufschnappt, die er dann seinen Lesern vorlegen kann.

*

Die Entwicklung der Montagsdemonstrationen ist nicht symptomatisch für die Meinung der Menschen in unserem Land. Sie können sich nicht vorstellen, was in den Menschen hier vor sich ging. Es war etwas geschehen, das ich oft schon früher im Rahmen meiner Arbeit mit dem Orchester erlebt hatte. Sie wissen, daß wir viel im Ausland gewesen sind, eigentlich in der ganzen Welt, und wir haben natürlich immer wieder junge Musiker mitgenommen, die plötzlich zum ersten Mal in der Bundesrepublik waren oder zum ersten Mal in einem anderen westlichen Land. Manchmal, wenn ich so das Gefühl hatte, einer von ihnen könnte einen Schock bekommen – wie eigentlich jeder ihn einmal bekommen hatte –, habe ich das gemeinsame Gespräch gesucht, und manchmal habe ich mir gesagt: Das Orchester, das bringt die Sache schon in Ordnung. Jeder dieser jungen Leute bekam einen Schock, wenn sie die Auslagen der Geschäfte sahen, wenn sie in den Gemüseläden sahen, daß hier jedes Gemüse zu jeder Jahreszeit zu haben ist, daß Reisen sehr billig sind, daß man überall hinfahren kann zum Wochenende, wenn man Lust hat – das war ein Schock, der war für jeden erst einmal zu überwinden. Wenn es eine Einzelperson ist, die von einer Gemeinschaft aufgefangen wird, wie von einer Familie umsorgt, und gesagt bekommt: Das haben wir alle erlebt, und das geht – dann kann man das verkraften und seinen Schock überwinden.

Hier hat das ganze Volk innerhalb von wenigen Tagen diesen Schock erlebt. Und das Volk hat sich davon noch nicht erholt, immer noch nicht erholt. Weil es sich die Frage stellt, besonders die etwas Älteren, wofür habe ich gearbeitet, wofür habe ich eigentlich gelebt, wo es mir so viel besser hätte gehen können. Das führt im Augenblick dazu, daß die Meinungsbildung in unserem Land gar nicht aus einer normalen Perspektive kommen kann.

All die Menschen, die das durchgemacht haben und die das Erlebte im Augenblick immer noch verarbeiten müssen – ich stelle mir vor, ein Familienvater, der von seiner Frau, die zum ersten Mal drüben war, zu hören bekommt: »Warum sind wir hiergeblieben, warum sind wir nicht dort, warum haben wir es nicht früher versucht!« –, da möchte ich nicht wissen, was bei diesen Menschen an Problemen aufgeworfen wurde.

Und da kann man nicht erwarten, daß jetzt die Vernunft bereits die Oberhand gewonnen hat. Ich glaube, das erste, was geschehen sollte, und das wird geschehen, das ist wirklich eine Art Hilfe wie der Marshall-Plan, eine feste Ausgangsbasis, auf der die Menschen, die hier bleiben und hier leben wollen, sich ehrlich einen Wohlstand erarbeiten können.

Die Entwicklung hat jetzt zu einem Punkt geführt, wo wir alle großer Hoffnung sein dürfen. Wir sollten weniger Angst und mehr Hoffnungen haben.

Der Verlag dankt Herrn Gero von Boehm und dem Südwestfunk, Baden-Baden, für die freundliche Genehmigung zum Abdruck des Gesprächs mit Kurt Masur »Können Noten Schicksale haben?«.

Unter dem gleichen Titel ist dieses Gespräch auch als VHS Videokassette (90 Min.) erschienen. Bestellungen sind zu richten an Südwestfunk, Öffentlichkeitsarbeit, Postfach 820, 7570 Baden-Baden.